Enséñame a sentir

La adoración en los Salmos en cada
estación de la vida

COURTNEY REISSIG

«Hermosa, profunda y perspicaz»
NANCY GUTHRIE

 Vida

«Sabemos que Dios tiene la intención de cambiar nuestra forma de pensar y de conducirnos, pero no siempre esperamos que quiera transformar nuestra forma de sentir. Sin embargo, como demuestra de un modo tan hermoso *Enséñame a sentir*, Dios nos ha proporcionado todo un libro —Salmos— que nos guíe a sentir de la manera correcta. Con profundo conocimiento interno empaquetado en breves capítulos, el libro de Courtney nos ayuda a aplicar las palabras de los salmistas a nuestra propia alma, y nos dirige a la sinceridad con Dios, a la confianza en él y al gozo con él».

NANCY GUTHRIE autora de *The Wisdom of God: Seeing Jesus in the Psalms and Wisdom Books* y *Even Better Than Eden*

«Un buen libro te enseñará sobre las verdades bíblicas, pero un gran libro te llevará a conocer y amar a Cristo y su palabra de un modo más profundo. Es exactamente lo que hace *Enséñame a sentir*. Capítulo a capítulo, descubro que estoy leyendo Salmos de una forma nueva».

SARAH WALTON, autora de *Hope When It Hurts* y *Together Through the Storms*

«En los años recientes, la iglesia ha tenido un regreso rico y correcto al estudio de la palabra de Dios y al valor de una mente transformada, pero Dios también dió a su pueblo emociones y sentimientos. ¿Cómo navegar con fidelidad por los sentimientos, en medio del sufrimiento, la transición o el daño? Courtney nos guía por Salmos y por su propia historia a la vez. Es más una amiga que una maestra durante este viaje».

LORE FERGUSON WILBERT, autora de *Handle with Care*

«¡Cuán grande es la gracia de Dios al incluir en su palabra un libro de cánticos que nos proporciona el lenguaje necesario para expresar las emociones que sentimos! Courtney Reissig nos alienta a bajar el ritmo y a sentir, con los salmistas, las realidades de la vida en nuestro mundo roto. Cada reflexión me ayudó a ver y a saborear la grandeza divina».

CAROLYN CACEY, Woodgreen Evangelical Church, Worcester, UK; oradora y autora

«Se nos indica que la "inteligencia emocional" es fundamental. Sin embargo, ¿podemos depender de ella? Courtney nos presenta la fuente más rica posible desde la cual gestionar nuestros sentimientos: Salmos. Ya sea que alabemos a Dios o retemos el pecado, cada capítulo es un bálsamo para el alma. ¡Me habría encantado trabajar con Courtney en otra docena de salmos!».

LENI-JO MCMILLAN, Women's Network and Training, City Bible Forum, Perth, Australia

«Me encanta Salmos, y Courtney Reissig me ha hecho apreciarlos más aún. Nos muestra cómo procesar nuestros sentimientos con Dios de una manera sincera, sirviéndonos de salmos para expresar nuestras emociones más profundas. Si alguna vez te has sentido malinterpretada, sola o abrumada, y te has preguntado cómo gestionar tus sentimientos de un modo bíblico, este libro es para ti. Descubrirás cómo lamentar, hallar esperanza y regocijarte a lo largo de toda la vida, acercándote más al Dios de toda consolación».

VANEETHA RENDALL RISNER, autora de
The Scars That Have Shaped Me

«¡Este libro me consoló, me alentó y me enseñó tanto! Tuvo la rara cualidad de hacer que extendiera la mano para agarrar mi Biblia y leyera cada capítulo junto con el libro de Salmos abierto a un lado. Courtney Reissig nos proporciona conocimientos agudos que aprendió a través de su propio sufrimiento personal, de manera que sus palabras son poéticas y están cargadas de significado, aunque siguen basadas en la realidad».

LINDA ALLCOCK, The Globe Church, Londres

«Si somos sinceras, la mayoría de nosotras deberíamos reconocer que pocos aspectos de nuestra vida pueden parecer tan caóticos e impredecibles como nuestras emociones. Courtney Reissig, una escritora de talento y sabiduría, nos muestra cómo nos puede ayudar Salmos a llevar nuestros sentimientos ante el trono de Dios, y cómo verlos reordenados por la constante vida de Cristo. Este libro puede cambiar tu forma de pensar y tus sentimientos en el mejor sentido».

RUSSELL MOORE, Presidente de la Comisión Religiosa
y Ética de la Convención Bautista del Sur

«Siempre he tenido una difícil relación con mis emociones. Las he suprimido avergonzada o les he dado rienda suelta en un abandono imprudente. Ninguno de esos acercamientos me ha sido realmente útil. Por ello aprecio tanto este libro. A través de su propia lucha con las emociones, Courtney nos orienta hacia el lugar donde el Señor le mostró cómo sentirlas bien y con sabiduría: Salmos. Hallé gran consuelo en sus palabras y en el profundo conocimiento que aporta a estos cánticos antiguos. No hay nada como una amiga —moderna o antigua— que nos diga "Yo también he pasado por eso"».

LAUREN CHANDLER, compositora y autora de
Steadfast Love y *Goodbye to Goodbyes*

A mis hijos: Luke, Zach, Seth y Ben.
Pasamos por el valle de sombra de muerte y sentimos
su cercanía en cada trecho del camino.
Que nunca dejen de llamar a Dios bueno.

La misión de Editorial Vida es ser la compañía líder en satisfacer las necesidades de las personas con recursos cuyo contenido glorifique al Señor Jesucristo y promueva principios bíblicos.

ENSÉÑAME A SENTIR
Edición en español publicada por
Editorial Vida – 2020
Nashville Tennessee

© **2020 Editorial Vida**
Este título también está disponible en formato electrónico

Originalmente publicado en el Reino Unido bajo el título:
Teach Me to Feel
Copyright © 2020 por Courtney Reissig
Publicado por The Goodbook Company, Reino Unido.
Todos los derechos reservados.
Prohibida su reproducción total o parcial

Editora en Jefe: *Graciela Lelli*
Traducción: *Loida Viegas*
Edición: *Madeline Diaz*
Adaptación del diseño al español: *Grupo Nivel Uno, Inc.*

ISBN: 978-0-82974-431-6
ISBN EBOOK: 978-0-82974-754-6

CATEGORÍA: Religión / Vida Cristiana / Crecimiento espiritual

IMPRESO EN ESTADOS UNIDOS DE AMÉRICA
PRINTED IN THE UNITED STATES OF AMERICA

20 21 22 23 24 LSC 9 8 7 6 5 4 3 2 1

CONTENIDO

CÓMO APRENDÍ A SENTIR

(O, MEDITACIONES EN UNA CAMA DE HOSPITAL)

Siempre he sido alguien con una gran facultad de sentir. Desde muy temprana edad, experimenté lo más alto de los altos y lo más bajo de los bajos (piensa en Anne Shirley de *Ana de las tejas verdes*). Sin embargo, en el espacio de un solo mes, mis emociones pasaron del carrusel infantil del parque temático de la vida a la montaña rusa más alta imaginable.

El embarazo siempre me ha provocado temores. Tengo todo un historial de abortos espontáneos e infertilidad, de modo que soy muy consciente de que esas rayitas rosas que una ve no significan un final feliz de la gestación en la unidad de parto. En su lugar, el embarazo es para mí una batalla que dura meses de intensa angustia.

Por ello, cuando descubrí que estaba encinta de nuestro cuarto hijo, me puse muy nerviosa. Y cuando empecé a experimentar todas las señales familiares del aborto espontáneo, tuve la certeza: *estoy perdiendo un bebé... de nuevo*.

Sin embargo, Dios tenía otros planes para este niño; de modo que en lugar de una pantalla de ultrasonido en blanco, vimos un latido de corazón. Y mis miedos comenzaron a disminuir. *Tal vez, después de todo, consigamos conservar este bebé*, pensé. Programé mi cesárea y me fui adaptando a las etapas finales de mi último embarazo: estaba en la recta final de la angustia y me atreví a mirar tímidamente más allá.

Entonces todo cambió.

SOLO QUERÍA QUE VIVIÉRAMOS AMBOS

Ya en la semana treinta y tres de mi gestación, la placenta se desprendió parcialmente. Si no estás familiarizada con la obstetricia (como me ocurría a mí), este contratiempo pone en riesgo la vida de la madre y también la del bebé. Se produce rara vez, de manera aleatoria, y resulta completamente aterrador. En cuestión de horas, toda mi vida se puso patas arriba. Si sentía algo, no sabía cómo expresarlo. Mis emociones afloraban a menudo en un tropel desordenado de enojo, terror, dolor y esperanza ocasional. Solo quería que mi bebé viviera. Solo quería vivir yo.

Por razones que solo Dios conoce, la placenta dejó de desprenderse, y esto le proporcionó tres semanas más de tiempo a mi hijo en mi vientre. Sin embargo, también me obligó a mí a permanecer en la unidad de alto riesgo del hospital.

Yo solía pensar que el reposo en una cama hospitalaria sería como unas pequeñas vacaciones. Podría echar una siesta cuando quisiera. Te ponían la comida delante. Y no tenías que limpiar en ningún momento.

Ni por asomo fue así.

Y los sentimientos me seguían inundando.

En un momento me sentía esperanzada. Una noche de calma sin los monitores significaba que podríamos estar bien. Me sentía en paz, pero esta se escurría entre mis dedos. A la mañana siguiente me preparaban para un parto de emergencia. Después, las cosas se estabilizaban y el juego volvía a ponerse en modo de espera para nosotros. Más temor. Más ansiedad. Más confusión. Más preguntas. No podía enfocarme en nada sustancial durante más de un instante, porque en un momento todo podía cambiar.

Cuando la cosa se ponía difícil, mi esposo Dan y yo nos sentábamos en silencio, temiendo que con solo verbalizar nuestros sentimientos en voz alta estos se materializarían.

Al final, Ben nació. Estaba bien. Pero yo no.

Cuando llegamos a casa, los sentimientos no hicieron más que intensificarse. Estábamos a salvo, por supuesto. Cualquier extraño habría opinado que éramos una gran familia feliz. No obstante, si estás experimentando un trauma, no regresas a tu casa y te adaptas de nuevo a la vieja normalidad. Es preciso encontrar una nueva. Teníamos una dura tarea por delante. ¿Cómo se ve todo normal cuando sabes que la vida puede apagarse en un instante? Me sentía agradecida, pero aterrada. Seria, pero aliviada. Gozosa, aunque llorosa. Era una paradoja andante.

Tenía que aprender a sentir.

ENTRE LA SUPRESIÓN Y LA DIRECCIÓN

Muchas de nosotras las mujeres cristianas —en tiempo de crisis, pero también en la vida normal— no tenemos muy claro qué hacer con nuestros sentimientos. Luchamos por saber cómo sentir de un modo «cristiano».

Así que, a menudo, somos propensas a reprimir nuestras emociones, no vaya a ser que pequemos de impiedad. Se trata de la idea de que «las cristianas deberían sentir eso...» y «las cristianas definitivamente no deberían sentir *eso*...». Por lo tanto, no le contamos a nadie cómo nos sentimos, apenas lo admitimos ante nosotras mismas, y de ninguna manera lo vamos a llevar delante de Dios. No tenemos ni idea de qué hacer con el temor, el enojo, la envidia y cosas por el estilo, así que intentamos ignorarlos y esperamos que desaparezcan.

Por otra parte, muchas de nosotras estamos más en armonía con lo que sentimos, y se nos da mejor expresarlo. Sin embargo, entonces nos topamos con el peligro contrario: estar tan dominadas por nuestros sentimientos que son ellos los que guían nuestra creencia con respecto a Dios y a nosotras mismas. Siempre estamos experimentando altibajos. Si las ruedas se desprenden, nuestra fe se hace pedazos.

Es necesario que aprendamos a sentir como cristianas. Y, aunque apenas lo entendí en el momento, aquel mes en la montaña rusa encontré a mi maestro. Descubrí los salmos.

UN LENGUAJE PARA MIS SENTIMIENTOS

En el hospital y durante los muchos meses posteriores, el libro de Salmos fue mi salvavidas. Todo lo demás parecía carecer de sentido. Demasiado pesado y agotador. Salmos me proporcionaba las palabras. Era, como lo han denominado algunos, «un espejo para mi alma». Los salmos me atraparon, en medio de todas mis complicadas emociones ante la posibilidad de perder a mi hijo y hasta mi propia vida. Entendían mi gozo y mi dolor. Mi alabanza y mis lágrimas. Me descifraban cuando yo misma no asimilaba mi interior.

Sumergida en Salmos no solo me sentía comprendida, sino que también hallaba un lenguaje para mis temores. Ellos proveían palabras para mi angustia. No obstante, también me proporcionaban un idioma para Dios: lo vi tal como él es, y pude confiar en él. Salmos me sustentó en mis momentos más oscuros. Llegó a ser tan necesario para mi salud como la bandeja preparada del hospital que me entregaban tres veces al día. El libro de Salmos me enseñó a sentir la realidad de mi vida en todas sus complejidades, y produjo sanidad durante el proceso.

A lo largo de tres semanas, Salmos fue casi lo único que leí. Por tanto, cuando llegó el momento del alumbramiento, esperaba que me sostuvieran. Si todo se iba a pique rápidamente, al menos había estado atesorando la Palabra, y oré que pudiera sacar provecho de este depósito.

Sin embargo, en el momento que más lo necesité, no pude recordar nada.

La mente se me quedó en blanco. No podía recordar ni un solo salmo. Ni una sola palabra. Entré en pánico.

¿Dónde estaba la esperanza? ¿Dónde la verdad de la Palabra de Dios que sustenta la vida y que yo había estado atesorando?

Cuando me llevaron al quirófano el día en que nació Ben, se me olvidó todo por completo.

Excepto Salmos 23.

Mientras me preparaban para la operación, acudió a mi mente verso a verso:

Aunque ande en valle de sombra de muerte no temeré mal alguno.

Cuando buscaron de nuevo el latido del corazón de Ben...

Porque tú estarás conmigo.

Mientras trabajaban duro para sacarlo...

Tu vara y tu cayado me infundirán aliento.

Cuando oímos su primer llanto saliendo de sus pulmones, que funcionaban...

Ciertamente el bien y la misericordia me seguirán todos los días de mi vida, y en la casa del Señor moraré por días sin fin (RVA2015).

Vivió. Yo también estaba viva. Cuando el doctor extrajo de mi cuerpo a nuestro bebé, que no cesaba de gritar, lo único que pude hacer fue llorar. Temblé por la fragilidad de la vida; esta podía escaparse en un instante. No obstante, también me regocijé: aquel día, la muerte no tuvo la última palabra. Y mirando en retrospectiva, me siento agradecida de que Dios trajera a mi mente el salmo que mi corazón más necesitaba. Yo precisaba un salmo, y aquel era exactamente el que necesitaba. Dios sabía lo que yo estaba sintiendo, lo cual en ese momento era un miedo abrumador, y él me dio versículos para ese temor. Aquel salmo me proporcionó un lenguaje y les dio forma a mis sentimientos.

CREADA PARA SENTIR

En este libro quiero que caminemos juntas a través de nuestros sentimientos, pidiéndole a Dios que por medio de los salmos nos enseñe a sentir; que nos haga ver que se nos permite sentir, que percibamos el lenguaje que él nos provee para expresar nuestros sentimientos y que comprendamos cómo nos moldea en medio de nuestros sentimientos.

A diferencia de las partes narrativas de la Biblia, Salmos habla de un tiempo estable en la historia de Israel; el relato de la obra de Dios en medio de su pueblo no se desarrolla en este libro de la Biblia. En cambio, ellos nos proporcionan una mirada entre bambalinas a los procesos mentales y las emociones de las personas reales de esta historia. Salmos es el trasfondo de las narrativas bíblicas con las que podemos estar familiarizadas o no (los relatos de la historia de Israel, de David y de otros reyes). En lugar de darnos nuevos detalles, nos ralentizan y nos indican cómo debe sentirse el pueblo de Dios con respecto a lo que sucede a su alrededor. El erudito del Antiguo Testamento, Derek Kidner, afirma que la intención de Salmos es «tocar y despertarnos, y no solo dirigirse a nosotros» (*Kidner Classic Commentaries*, Salmos 1—72, página 42). De ellos sacamos verdaderos sentimientos sobre la vida real en este mundo hermoso, aunque echado a perder. De modo que si luchas para saber cómo sentir correctamente —cómo procesar tus sentimientos en lugar de suprimirlos o dejarte dirigir por ellos— y quieres estar al tanto de cómo lo que tú sientes puede hacer crecer tu fe, este libro es para ti. Los salmos te hablan.

En Salmos conocemos a personas como nosotros: débiles, asustadas, cansadas y en ocasiones sin esperanza; y en otros momentos satisfechas, agradecidas y alabando. En Salmos vemos historias y sentimientos como los nuestros. Sin embargo, también vemos el final de la historia. Percibimos que Dios siempre aparece, quizás no como esperamos, pero no nos deja ni nos abandona nunca. Los salmos nos recuerdan que Dios está obrando en todo momento, aun cuando parezca ausente. Esto es esperanzador para nosotros. Es curativo.

Por supuesto, Salmos no trata principalmente sobre nuestros sentimientos; antes que nada habla de Dios. Y este libro no es, en modo alguno, un análisis completo de Salmos. Los salmos son poesía, y por lo tanto pretenden hacernos sentir algo. La Palabra de Dios debería llevarnos a pensar, pero también a sentir, y sentir profundamente. Mark Futato declara: «Dado que Dios siente y tú eres creado a su imagen, los sentimientos forman parte de tu experiencia humana» (*Joy Comes in the Morning*, página 60).

Sin duda no podré tratar todos los sentimientos que puedas estar experimentando ahora mismo, y mucho menos cada emoción que sentirás algún día, pero espero que encuentres un nombre para tu dolor o tristeza, gozo o alabanza. Al ver cómo se manifiesta un sentimiento particular en un salmo en concreto, estarás invitando a Dios a que te enseñe a sentir. Estarás permitiendo que te proporcione un lenguaje para clamar a él o alabarlo, que te dé una forma de crecer en tu fe y por medio de lo que sientes. A Dios le importa cada parte de los portadores de su imagen... incluidos nuestros sentimientos.

¡La mejor forma de leer este libro es lentamente y con mucha oración! Es bueno empezar por los capítulos 1 y 2, enfocándonos en Salmos 1 y 2 en primer lugar. Estas composiciones establecen el contexto para todo el libro de Salmos; son una especie de prólogo y te ayudarán a entender lo que hacen el resto de ellos. A continuación, del capítulo 3 al 23, puedes idear tu propio itinerario, dependiendo del punto de la vida donde te encuentres justo ahora. Yo te alentaría a no solo leer sobre los sentimientos que estás experimentando en estos momentos, porque si algo sabemos de la vida es que las cosas pueden cambiar mañana, y es bueno aprender cómo sentir con bastante tiempo de antelación. El capítulo 24 es la conclusión.

Al final de cada capítulo, he incluido algunos salmos, si deseas profundizar en la forma en que los salmos te ayudan con ese sentimiento particular. Algunos capítulos tendrán más «extras» que otros, porque algunos de los sentimientos se abordan con mayor frecuencia en los salmos. Algunos de los Salmos que te señalo serán más oscuros que el que nos centramos en el capítulo, y algunos serán más ligeros, para sacarte de la oscuridad hacia la esperanza. De nuevo, ¡recuerda las verdades de los Salmos 1 y 2 mientras lees!

Desconozco a qué sentimientos te enfrentas hoy. No obstante, sí sé una cosa: esos sentimientos pueden llevarte a apreciar más a tu Señor y Salvador, y ayudarte a crecer en tu fe. Más que cualquier otra cosa, espero que veas que Dios no te ha dejado, que le importas y que está dispuesto a encontrarse contigo en los Salmos.

DICHOSA LA MUJER QUE...
SALMOS 1

«Dichoso el [...] que en la ley del Señor se
deleita, y día y noche medita en ella»

Salmos 1:1-2

¿**H**as tenido alguna vez un sueño recurrente en el que te encontrabas en una situación totalmente desprevenida? Tal vez te veías en clase y habías olvidado estudiar para el examen. O tenías que hacer una gran presentación y no te habías acordado de cambiarte de ropa, por lo que estabas en pijama.

Yo tengo un sueño así antes de cada cosa importante o fuera de lo corriente que hago. Cuando era camarera, soñaba que era la única empleada en todo el restaurante una noche de sábado muy concurrida. Cuando viajo, sueño que pierdo el avión o que dejo atrás el equipaje. Cuando estaba encinta, soñaba que el bebé llegaba y no estábamos preparados (ese sueño se cumplió en la vida real en cada ocasión). Si se espera que me levante para salir a correr con una amiga, sueño que no escucho el despertador y me despierto bien entrado el día.

Como ves, no me gusta estar desprevenida.

Quiero contarte la historia de dos mujeres y su estado de preparación.

La primera es una mamá primeriza, y como muchas otras nuevas madres se siente abrumada. Su transición a tener niños pequeños está demostrando ser más difícil de lo esperado. Tiene menos tiempo que antes. Está más cansada de lo que creyó posible. Se siente abrumada.

Y ya no lee la Biblia.

No es que haya dejado de seguir a Cristo. Es que la vida parece demasiado difícil y complicada desde que ha tenido al bebé. Lo que empezó en el caos de los primeros días tras el alumbramiento se ha convertido en la práctica por costumbre. Sencillamente no lee la Palabra de Dios.

Su esposo intenta alentarla a encontrar espacio para su lectura bíblica durante la siesta o cuando acuesta al bebé por la noche. Sin embargo, ella no es capaz de sacar energía para hacerlo. Ha pasado demasiado tiempo. Ha perdido la costumbre. Se ha desvanecido el encanto. Así que llena sus días con otras cosas como las redes sociales y la televisión, con la esperanza vana de que podrá tener la voluntad de salir de su agotamiento de madre reciente.

Una vez se prometió a sí misma que nunca llegaría a ser como otras mujeres que abandonaban la Palabra tras el nacimiento de sus bebés, pero el orgullo precede a la caída, y ahora es una de ellas: sola, vacía e intentando arreglar su situación al margen de Dios y su Palabra.

Nunca lo admitiría, pero su falta de tiempo en la Palabra se nota. Sus relaciones sufren. Su matrimonio sufre. Y hasta su forma de ser madre sufre. Sus sentimientos están por todas partes, y todos (incluida ella) pagan las consecuencias. Cuando contempla en qué se ha convertido su existencia, se da cuenta de que desafortunadamente no está preparada para su nueva vida como madre.

Ahora déjame hablarte de otra mujer que no está muy lejos de esta madre reciente. Ya se ha visto antes en esta misma situación: agotada, abrumada e incapaz de encontrar una nueva rutina. Sin embargo, ha emergido con un nuevo propósito. Ha comprobado que la falta de meditación en Dios produce un fruto amargo y ha prometido evitar de nuevo esa situación, por mucho que le cueste. Dios ha sido fiel, aun en medio de grandes dificultades. Ha hecho que su Palabra sea el deleite de ella en los momentos atemorizantes previos al nacimiento de su hijo y en los agotadores días tras el alumbramiento. Meditar en la Palabra no hace que la dificultad de esa etapa desaparezca, pero sí le aporta perspectiva. La mantiene afianzada en sus relaciones. Le da fuerza en su función de madre. Le proporciona esperanza. Sus circunstancias no difieren de las de la primera mujer, pero lo que ella está haciendo con la Palabra de Dios en esas circunstancias sí ha marcado toda la diferencia.

La vida no es necesariamente más fácil para ella que para la otra mujer. Pero ella está preparada para el huracán de la dificultad, porque tiene un ancla de peso.

Lo has adivinado. Cada una de estas mujeres soy yo misma.

Mis primeros días de maternidad no fueron mis mejores momentos. Me pasé seis meses sin leer la Biblia, y esto era evidente en cada palabra que pronunciaba y en cada acto que llevaba a cabo. Sin embargo, como has leído en la introducción, esa no fue la situación definitiva en mi vida. Dios es fiel con los suyos, y me trajo de nuevo a la senda. En los momentos de gran aflicción, Dios me mostró el camino a través de su Palabra. Todavía recuerdo aquellos días en el hospital, esperando que naciera Ben, angustiada por lo que ocurriría con su vida y la mía. En aquel tiempo, la Palabra de Dios era muy dulce para mí, no porque borrara la dificultad del miedo, sino porque en aquellos precisos momentos de mi desasosiego las promesas de Dios me miraban fijamente a la cara mientras yo leía lo escrito en la página, y lo grababa en mi mente para recordarlo de día y de noche.

En otras palabras, había aprendido por experiencia que Salmos 1 es verdad.

En él leemos dónde se debe encontrar la vida bendecida (término hebreo para «feliz»). Este tema de ser «feliz/bendecida» aparecerá una y otra vez en el salmo, y también en este libro. Sin embargo, el estado de bendición no es nuestra noción habitual de la felicidad, el sentimiento que se produce cuando todo funciona a nuestro favor. En cambio, se trata de una felicidad arraigada en algo externo a nosotros. La vida feliz experimentada por el salmista está enraizada en Dios, su Palabra y sus propósitos. Esto también es así para nosotras.

Y la bendición se halla en meditar en la Palabra de Dios de día y de noche (Salmos 1:2). Si uno de los propósitos de Salmos es proporcionarnos un lenguaje para nuestras respuestas emocionales a las dificultades y los éxitos de la vida, y llevarnos de regreso a Dios, entonces lo más sensato es empezar hablando de la Palabra de Dios (la Biblia), porque Dios quiere que estemos preparadas para lo que ha de venir.

PREPÁRATE HACIENDO ALGO AHORA

A muchos, la palabra «lamentos» los lleva a pensar (y con razón) en los salmos. Este tipo de literatura está llena de tristeza y dificultad (algo de lo que hablaremos muy pronto). ¿Cómo se prepara una para cosas como el sufrimiento físico, la injusticia, la envidia, que tu amiga reniegue de ti, la depresión, o incluso para sentir que Dios te ha abandonado?

Empiezas por la Biblia.

No obstante, por otra parte, Salmos también está lleno de testimonios de la fidelidad de Dios, de oraciones contestadas y liberaciones realizadas. ¿Cómo respondes a los gozos, los éxitos, los triunfos y las plegarias contestadas de tu vida sin jactarte de tu propia fuerza?

Empiezas por la Biblia.

La mejor forma de prepararte para esos momentos es comenzar ahora. Por esta razón, Salmos 1 nos indica que el hombre o la mujer bienaventurados convierten la Palabra de Dios en su meditación de día y noche. ¿Quieres vivir una vida bendecida, feliz? Conoce a Dios a través de su Palabra. El primer paso para pertrecharte contra las olas del sufrimiento, que rompen contra todas nosotras en algún momento, consiste en establecer el fundamento de la Palabra divina en tu alma. El primer paso en tu preparación para los puntos culminantes de la vida es establecer el fundamento de la Palabra de Dios en tu alma. Si no quieres abandonar a Dios en medio de la desesperación de tus grandes aflicciones, o darle la espalda confiando solo en tus mayores triunfos, vas a necesitar la Palabra.

EL RESULTADO DE TU PREPARACIÓN

A veces me da la sensación de estar leyendo la Biblia sin llegar a ninguna parte. En ocasiones es como si las palabras no tuvieran efecto alguno sobre mi alma. Como señalé en mi introducción, hay momentos en que leo la Biblia y después lo olvido todo. Sin embargo, Dios ha prometido obrar a través de su Palabra, de manera que podemos confiar en que él está en ello aunque a nosotros no nos parezca.

El salmista declara que pasar tiempo en la Palabra de Dios produce algo en el creyente. El cristiano que está arraigado en la Palabra será como un árbol fructífero que no se seca y muere (vv. 3-4).

Vivo en un lugar de los Estados Unidos donde hay pinos por todas partes. Cuando un tornado atraviesa la ciudad, estos árboles quedan devastados. El viento arranca las agujas y las tira al suelo. ¿Por qué no permanecen en pie las ramas? Porque sus raíces son poco profundas. No obstante, ¿sabes qué tipo de árbol no queda arrasado cuando se produce este tipo de fenómeno? Los árboles de madera dura. Sus raíces son profundas y más fuertes, y no se inmutan.

Este es el tipo de árbol que el salmista tiene en mente. El árbol de madera dura empieza pequeño, en forma de semilla, pero con el tiempo (a veces un periodo muy largo) crece. Este comienza por las raíces. Ellas están bien plantadas, son firmes y profundas, y resultan inconmovibles. A continuación crecen los capullos de flores en las ramas y las hojas, y ya tenemos un árbol grande y maduro. Pero esto es un proceso. Requiere tiempo. No es algo que ocurra de la noche a la mañana. Sin embargo, es algo constante. Es seguro. El árbol está enraizado y con una base firme que no puede ser conmovida ni por tempestades, ni por tornados, ni por diluvios. Sus raíces llegan hondo. En ocasiones, en nuestra ciudad crece uno de estos árboles junto a un pino, y aunque en apariencia pueden parecer disfrutar de la misma robustez cuando todo va bien, la verdad está en sus raíces. El árbol de madera dura permanece firme, como la persona arraigada en la Palabra de Dios.

De forma similar a este tipo de árbol de madera dura, la mujer que se deleita en la Palabra de Dios, y medita en ella día y noche, prosperará en medio de la tormenta más feroz y bajo los favores de la primavera. Los arroyos de agua, junto a los cuales estás plantada, nutren en la profundidad tus raíces. Este es el fruto de la Palabra de Dios en tu vida. Es un proceso. Requiere trabajo. Exige tiempo. Pero sucede. Esa es la imagen que precisamos tener en mente cuando consideramos cómo le habla Salmos a nuestras emociones. La mujer capaz de mantenerse firme en momentos de lamento es la que está arraigada en la Palabra de Dios: es como un árbol de madera dura. Esto no elimina la dificultad de la vida ni retira los profundos sentimientos que tengamos (como veremos en otros salmos), pero sí nos proporciona un fundamento con el que contar. Podemos sentirnos como si nos estuvieran desmembrando, pero si estamos arraigadas en la Palabra de Dios, seguiremos en pie.

Cuando llega el tornado, las raíces del árbol son un asunto de vida o muerte. Para nosotros es lo mismo. Salmos 1 habla de vivir y de morir (vv. 5-6). En él se establece un gran contraste entre los impíos y los justos. Los primeros mueren, y no tendrán cómo mantenerse en pie en el juicio venidero. El justo prospera y crece, porque está profundamente arraigado en la Palabra. El versículo 4 afirma que los malos son como «la paja». ¿Por qué? Porque esta no posee peso ni raíz. Es el desecho del trigo, separada mediante el proceso del venteo y la trilla. No sirve para nada. Es un desperdicio. No tiene base alguna, y volará con la más pequeña ráfaga de aire.

Eso lo entiendo. Así me siento cuando no me he deleitado en la Palabra de Dios.

Sin embargo, establece un contraste con quien medita en ella. La persona que medita en la Palabra de Dios no perece, siendo incapaz de mantenerse en pie durante el tornado del juicio divino (vv. 5-6). Aquel que confía en Dios, vive. ¡Qué verdad increíblemente esperanzadora cuando nos adentramos en los grandes altibajos emocionales con los salmos y en nuestras vidas! La muerte puede rondarnos, y un día la veremos cara a cara, pero desde el principio sabemos el final.

Bienaventurada la mujer que convierte la Palabra de Dios en su delicia: que medita en ella día y noche. Todo lo que hace prospera (v. 3). La prosperidad a la que se refiere el salmista no significa que todas tus oraciones sean contestadas de la forma que tú quieres; tener una cuenta repleta en el banco o incluso un montón de amigas. Es un tipo distinto de prosperidad. Es un progreso de productividad, de gracia sustentadora en la dificultad, de santidad cuando pasas tiempo en la Palabra y, lo más importante, es un florecimiento de la vida eterna. Asombrosamente, esta prosperidad es algo que no tiene fin, sino que crece para siempre (Juan 4:14). El bienestar que esta vida ofrece es temporal y fugaz. Sin embargo, ni la muerte puede arrebatarte esa prosperidad a la que alude el salmista.

UN MENSAJE, UN LIBRO

Este es el mensaje que recorre el libro de Salmos. Conocer el final desde el principio nos sustenta por completo. Lo veremos una y otra vez a lo largo de este libro.

Y este no es solo el mensaje de Salmos, sino de toda la Biblia. Piensa por un momento en lo que el Nuevo Testamento expresa sobre Jesús. Él es el Verbo encarnado de Juan 1. Es, como lo expone *The Jesus Storybook Bible,* todo lo que Dios revela sobre sí mismo en una persona. Jesús amó la Palabra. Enseñó la Palabra. Cumplió la Palabra. Y se revela a nosotros en la Palabra. La Biblia no cuenta con una categoría para amar a Jesús sin amar su Palabra.

Jesús encarnó Salmos 1. Estuvo preparado para el sufrimiento más oscuro y para los mayores gozos, porque conocía la Palabra de Dios y se deleitaba en ella. Citó los salmos, porque los conocía y contemplaba su vida a la luz de ellos. Por tanto, si amamos los salmos, creceremos en nuestro amor por Jesús. En el capítulo siguiente consideraremos Salmos 2, que describe de un modo más específico a Jesús y ayuda a establecer todo el salterio (junto con Salmos 1). Este habla de un rey prometido y del Hijo de Dios. Nos ayudará a fijar nuestros ojos en la victoria segura de Jesús y a prepararnos para las dificultades y los gozos de la vida.

Esto es lo que significa estar preparada. Conoces el final desde el principio, así que a mitad de camino tienes esperanza. Y sabes cuál es la senda de la bendición, de manera que estás lista tanto para el tornado como para que brille el sol. El libro de Salmos solo puede entenderse a la luz de Salmos 1. Conforme meditemos, cada una de estas composiciones fortalecerá y asegurará nuestras raíces a medida que absorbamos su agua. No entenderás el lamento, el sufrimiento, la tristeza, el arrepentimiento ni ninguna otra cosa que se cruce en tu camino si no ves primero que la Palabra de Dios tiene que ser tu delicia. No tendrás un lenguaje con el que clamar a Dios en tu padecimiento si no dejas que él te enseñe por medio de su Palabra.

Si estás leyendo esto en medio de un gran desconsuelo y sientes que no tienes un fundamento fuerte en la Palabra de Dios, no es demasiado tarde. Nunca lo es. Por ello escribí este libro. Puedes empezar hoy por Salmos y hallar una esperanza sustentadora aunque la Palabra no haya sido tu cimiento hasta ahora. Incluso si te estás acercando a este libro sin preparación para sufrir lo que estás soportando, Dios no te ha abandonado y puede encontrarse contigo en las páginas de Salmos.

Bienaventurada la mujer que atesora la Palabra de Dios. Descubrirá que puede mantenerse en pie incluso en la adversidad. Sabrá lo que es ser bendecida aun en la dificultad. Y no perecerá.

Anotaciones

UN REY Y UN REINO
SALMOS 2

«He establecido a mi rey
sobre Sión...».

Salmos 2:6

Soy una fanática de los Juegos Olímpicos. De hecho, estoy ligeramente obsesionada con ello. Cuando se están llevando a cabo, defiendo las noticias que recibo como un niño pequeño defendería una golosina de su hermanito hambriento. No quiero que me las estropeen. No quiero que nadie me prive de mi gozo olímpico y de la sorpresa.

De todos los deportes presentados en los juegos, la natación es mi favorita absoluta. Estudio la forma de los nadadores. Observo cada eliminatoria, cada carrera, y todas las historias de interés humano. Tengo mis acontecimientos preferidos (los 50 metros libres y el combinado individual). Todos saben que imprimí el programa de natación para no perderme mi prueba predilecta.

Por lo tanto, puedes imaginar mi consternación cuando sintonicé las noticias de la noche durante los Juegos Olímpicos de verano del 2012 para escuchar estas palabras en los titulares:

*Ryan Loche derrota a Michael Phelps en la prueba
individual de 400 metros combinados.*

¿He mencionado ya que odio que me saboteen las noticias durante los Juegos Olímpicos?

La prueba ni siquiera se había televisado en los Estados Unidos a esas alturas, pero allí estaba yo sentada delante de mi televisor, confiando en que el presentador de las noticias me protegiera de cualquier información anticipada; pero no, él no pudo contenerse. Era la carrera que yo había estado esperando desde hacía semanas, y con una sola frase del locutor del informativo nocturno la sorpresa se estropeó. Por supuesto que sería divertido ver la carrera, pero ya no sería lo mismo. Ya sabía quién había ganado, y ahora me limitaba a observar cómo lo había conseguido. Todavía me estoy recuperando de la decepción.

No me gustan los saboteadores de sorpresas.

Sin embargo, existe un tipo de información anticipada con respecto a la cual hago una excepción. En realidad, es una que te revela lo que ocurrirá en toda una vida, una que todas necesitamos mientras caminamos por este mundo quebrantado. Es esta (no apartes la vista ahora): *Jesús gana y reinará para siempre.*

Lo vemos justo ahí, en el versículo 6 de Salmos 2:

> *He establecido a mi rey*
> *sobre Sión, mi santo monte.*

De muchas maneras, el mensaje de toda la Biblia se captura en esta única frase. Dios ha coronado a un rey, su nombre es Jesús, y su reino no tendrá fin. Salmos 2 está estableciendo el escenario del todo el libro al proporcionarnos primero el resultado final. Nos está preparando para lo que vendrá en los salmos posteriores, y nos dispone para lo que llegará de una vez por todas a través del rey perfecto.

Este no es un monarca cualquiera; es el rey de Dios, el rey del Señor. Pero hay más. Él no es un rey temporal. Es un rey eterno.

Salmos 2 era un cántico de coronación para los hijos de Israel, porque los reyes debían supuestamente instar al pueblo a confiar en Dios, seguir su Palabra y recurrir a él a fin de que los gobernara por siempre (Génesis 49:10; Deuteronomio 17:14-20). Este es un salmo real para el rey. Pero... hay un problema. Considera los versículos 8 y 9 de Salmos 2:

> *Pídeme, y como herencia te entregaré las naciones;*
> *¡tuyos serán los confines de la tierra!*
> *Las gobernarás con puño de hierro;*
> *las harás pedazos como a vasijas de barro.*

El rey no solo es soberano sobre Israel, sino sobre todas las naciones, y es su juez. Aun así, ni siquiera el mayor de los reyes de Israel, David, llegó nunca más allá del Mediterráneo oriental; ¿cómo puede entonces describirse a monarca alguno como reinante y gobernante sobre los confines de la tierra? El salmo debió haber parecido una broma—sobre todo porque los reyes que sucedieron a David gobernaron un reino dividido que iba encogiéndose— o se trataba de una promesa: un rey futuro mucho mayor que él, un soberano que pondría fin a la rabia y la conspiración de las naciones de la tierra (v. 1). Salmos 2 nos muestra el mundo tal como era y es (las naciones maquinan contra Dios y sus planes), pero este también nos da una información anticipada. Hay un rey que gana. En ese día, todavía estaba por llegar. En nuestra época, ya está sentado en su trono y un día futuro su reinado será reconocido sobre toda la tierra, y todas las conspiraciones y las rebeliones cesarán. Jesús gana y reinará para siempre.

Salmos 2 descubre el pastel justo al comienzo del libro de Salmos. Desde el principio nos muestra los propósitos de Dios para todos los tiempos. Sin embargo, existe una razón para ello. Salmos 2, como Salmos 1, organizan el libro de Salmos. Si sabes que una existencia arraigada en la Palabra conduce a la vida y la bendición, entonces tienes esperanza cuando no sientes que estás siendo bendecida. Del mismo modo, si eres consciente de que Jesús gana y su reino durará para siempre, te sentirás sustentada cuando te veas rodeada por todas partes por los enemigos y el sufrimiento y parezca que él no va a ganar. Necesitas esa información anticipada o no saldrás adelante cuando la vida se ponga difícil.

¿DE QUÉ FORMA ESTO NOS PREPARA?

La mayoría de las personas no acuden a los salmos para conseguir aliento sobre los tiempos finales. En cambio, con frecuencia vamos a los salmos en busca de estímulo cuando nuestro aquí y ahora están resultando difíciles. Y con motivo. Los salmos a menudo tratan con tiempos de verdadera aflicción, cuando da la sensación de que el Rey Jesús no está venciendo. De hecho, Salmos 3 (el siguiente) nos lleva de inmediato a un tiempo en el que el rey no estaba triunfando. Este es un «salmo de David, cuando huyó de Absalón». Absalón era hijo de David y había organizado una insurrección contra su padre, apoderándose de su reino, sus hombres de guerra, y hasta intentando apropiarse de sus esposas (2 Samuel 13—19). David, el rey justo, tuvo que escapar de su propio hijo y su ciudad. En Salmos 3 está siendo atacado y da la impresión de no tener opciones.

Así es la vida. Suele ser más difícil que fácil, y tiene la capacidad de desconcertarnos con lo que va mal. Sin embargo, Salmos 2 nos ayuda por cuanto nos muestra el plan seguro de Dios. Suceda lo que suceda, esto sigue siendo verdad:

> *He establecido a mi rey*
> *sobre Sión, mi santo monte (v. 6).*

La lección de Salmos 1 es: *Necesitas la Palabra de Dios.* El mensaje claro de Salmos 2 llega en los versículos 11-12.

> *Sirvan al SEÑOR con temor;*
> *con temblor ríndanle alabanza.*
> *Bésenle los pies, no sea que se enoje*
> *y sean ustedes destruidos en el camino,*
> *pues su ira se inflama de repente.*
> *¡Dichosos los que en él buscan refugio!*

Dios entronizó a su rey ungido en el momento de la muerte, resurrección y ascensión de Jesús. Aunque parezca (y se sienta) como si el soberano ungido no estuviera reinando en la actualidad, sabemos por fe y con toda seguridad que está sentado a la diestra del Padre ahora mismo y para siempre (Romanos 8:34; Colosenses 3:1; Efesios 1:20). Este Hijo ungido es Aquel al que debemos servir con temor, por el cual debemos alegrarnos con temblor, y besarlo con honor y adoración. Así como somos bendecidos por nuestra meditación sistemática en la Palabra, también lo somos por nuestra completa devoción al Hijo, el Rey ungido de Dios. Debemos servirle con regocijo y temblor, tanto en el presente como en el futuro:

> *Y estando en la condición de hombre, [Jesús] se humilló a sí mismo, haciéndose obediente hasta la muerte, y muerte de cruz. Por lo cual Dios también le exaltó hasta lo sumo, y le dio un nombre que es sobre todo nombre, para que en el nombre de Jesús se doble toda rodilla de los que están en los cielos, y en la tierra, y debajo de la tierra; y toda lengua confiese que Jesucristo es el Señor, para gloria de Dios Padre*
> *(Filipenses 2:8-11, RVR1960).*

¿No suena esto parecido a Salmos 2:6? Este Hijo ungido es ahora exaltado; está por encima de todo nombre. Hubo un tiempo en el que nadie habría dicho que estaba ganando, nadie de los que lo contemplaron cuando compareció ante Pilato o cuando cargaba con su cruz hasta el Gólgota vio en él a un rey victorioso. A pesar de todo, ahora está sentado a la diestra del trono celestial. El rey ungido reina para siempre. La promesa se ha cumplido y un día se completará en su segunda venida.

REFUGIO CUANDO EL MUNDO RUGE

Por tanto, si conoces el final y sabes quién gana, ¿cómo actúas? Besas al Hijo. Te humillas en sumisión al rey. Te aferras a Jesús.

Entender esto —que el rey prometido en Salmos 2 está tan vivo y activo como lo presenta el salmo— es un estímulo para las cristianas agotadas que están intentando hallarle sentido a su vida quebrantada y afligida. Las naciones podrían estar rugiendo, las personas podrían conspirar, pero un día el rey de Dios pondrá a todos sus enemigos bajos sus pies para siempre.

Hasta entonces, besa al Hijo, confía en el rey, y regocíjate en su reinado omnipotente. Serás bendecida... serás feliz.

Salmos 2 nos indica que hay y habrá un rey, por mucho que se diga o se haga. De modo que el resto de los salmos nos enseñan cómo navegar por la vida contemplando la entronización de Cristo por nuestro espejo retrovisor y viendo la victoria final de Cristo a través del parabrisas. Solo tenemos que atravesar las tormentas de la vida para llegar a ese destino final: el reino celestial.

Como comprobaremos a lo largo de este libro, más adelante nos aguardan tempestades realmente fuertes. Habrá períodos de la vida en los que te lamentarás, y otros en los que alabarás, y otros más en los que no estarás segura de lo que debes hacer. Necesitas Salmos 2 debido a aquello que te espera más adelante en los salmos, porque toda la complejidad de la vida —la desesperación, la oscuridad, la alabanza, el gozo— está aquí.

Recuerda, por lo tanto, Salmos 1 y 2 conforme vamos avanzando. En ellos se nos han mostrado los propósitos divinos (esto es para lo que fuimos creados). A lo largo de todos los salmos verás la caída y la redención en los salmos de lamento y de acción de gracias. A continuación, en los salmos finales, llegaremos a la restauración (esto es lo que esperamos). Hay salmos de lamento mezclados con los de alabanza, porque esta es la clase de existencia que vivimos. Estamos tristes, aunque nos regocijamos siempre (2 Corintios 6:10). En los salmos y en la vida necesitamos tener la información anticipada de Salmos 2 fija en nuestros corazones. Mark Futato, erudito en Salmos, afirma:

> *Uno de los propósitos de Salmos fue, y es, crear la sensación de esperanza de que un día el Rey vendría a enderezar el orden de nuestras vidas y el mundo, de una vez y para siempre. Descubriremos que crean la expectativa de que el Rey está llegando*
> *(Transformed by Praise: The Purpose and Message of the Psalms, página 131).*

Salmos 2 nos ayuda a lograr este fin. Conforme leamos los salmos restantes, en especial aquellos que están llenos de preguntas profundas y sufrimiento, necesitamos tener esta perspectiva en mente. El reino está llegando, y un día lo enmendará todo. El rey ha venido y no ha olvidado a sus súbditos. El rey es nuestro refugio (v. 12).

Salmos 1 indica cómo florecer ahora y para siempre: medita en la Palabra y obtén vida. Salmos 2 nos proporciona una cuadrícula para considerar el futuro y una esperanza en la que anclar nuestra vida: Jesús gana y reinará para siempre.

Por lo tanto, sin importar cómo vaya tu vida y a qué te enfrentes justo ahora, si confías en Jesús como tu Rey, ya has tomado la decisión más importante y mejor posible. Tu vida nunca dejará de tener propósito y esperanza, y tu destino está totalmente seguro: no gracias a ti, sino por él. Jesús gana.

Esta es una palabra buena e importante conforme nos preparamos y disfrutamos de los salmos. Salmos 1 y 2 nos indican dónde situar nuestra fe, aunque sintamos que aquello que se ha prometido no está sucediendo ahora en nuestro caso. Salmos 1 y 2 nos proporcionan un fundamento sobre el cual afirmarnos, para que cuando lleguen las tormentas de la vida tengamos dónde refugiarnos de ellas.

Jesús gana y reinará para siempre. Esto es una información anticipada que vale la pena escucharla una y otra vez. Halla refugio en él.

Anotaciones

_____

_____

_____

_____

_____

_____

_____

_____

_____

_____

_____

_____

_____

_____

_____

_____

_____

_____

_____

_____

DEFRAUDADA
SALMOS 55

Porque no me afrentó un enemigo,
lo cual habría soportado;
ni se alzó contra mí el que me aborrecía,
porque me hubiera ocultado de él;
sino tú, hombre, al parecer íntimo mío,
mi guía, y mi familiar.

Salmos 55:12-13 (RVR1960)

Pocas cosas son más enajenantes que sentir que una amiga te ha traicionado. Solían pasar horas participando la una en la vida de la otra. Disfrutaban la una de la compañía de la otra. Tenían comunión juntas en torno a su fe compartida. Iban juntas de vacaciones. La una cuidaba a los hijos de la otra. Sin embargo, todo esto ha acabado. Esa amiga que un día conociste como alguien amado y fiel ahora es distante y fría. Y, para colmo de males, estás empezando a pensar que tu antigua amiga está activamente en tu contra. Oyes susurros de calumnias, mentiras y palabras que hieren, pero ya no sabes qué o quiénes son tus amigas. Has perdido a una amiga íntima y temes perder a más.

Sentirte defraudada de este modo es demasiado para soportarlo emocional o incluso físicamente. Tu cabeza se vuelve un caos, y esto se transmite a tu cuerpo. Consume tu energía, te agota y te provoca angustia; es sencillamente horrible.

Así se sintió David cuando escribió Salmos 55. La aflicción no era un sentimiento desconocido para él. Compuso muchos salmos, y un gran número de ellos los escribió bajo presión.

Salmos 55 es un salmo de lamento. Aunque muchas de estas composiciones contienen la alabanza como tema clave, más de la mitad pertenece en realidad a esta categoría de lamentos. Como el salmista, con frecuencia tenemos que esforzarnos y atravesar grandes dificultades hasta llegar al punto de la alabanza.

¿QUÉ ES UN LAMENTO?

No estamos familiarizados con el lamento en nuestra cultura actual. En nuestras iglesias tendemos hacia los cánticos y las expresiones felices, y no al tono melancólico y triste de los salmos de lamento. Sin embargo, el lamento es parte de la Biblia y debería serlo también de la vida cristiana. (Para una descripción más detallada del lamento, lee *Dark Clouds, Deep Mercy* de Mark Vroegop).

Los salmos de lamento siguen una estructura general:

1. Claman a Dios pidiendo ayuda.
2. Se quejan de las circunstancias/problemas.
3. Confían en la obra y la liberación de Dios.
4. Alaban a Dios por la liberación

Y, en Salmos 55, el lamento de David es por un amigo perdido y una dolorosa traición. Él se siente defraudado, muy decepcionado.

EL PROBLEMA DEL AMIGO DE DAVID

Escucha, oh Dios, mi oración,
y no te escondas de mi súplica.
Está atento, y respóndeme;
clamo en mi oración, y me conmuevo,
a causa de la voz del enemigo,
por la opresión del impío;

porque sobre mí echaron iniquidad,
y con furor me persiguen (vv. 1-3, RVR1960).

En el versículo 4, David afirma que su corazón está «dolorido». En el versículo 5, señala que «temor y temblor» vinieron sobre él. Tiene enemigos y está oprimido por todas partes. Se siente olvidado y traicionado por aquellos que están en su contra. No obstante, los versículos 12 y 13 nos explican el problema principal que David está experimentando. No se trata de una dificultad relacional general con enemigos generales. No, más bien se trata de algo personal. En esencia, es una traición, porque sus sentimientos han sido provocados por alguien que solía ser un amigo apreciado. Y esto es algo totalmente debilitante.

En los versículos 20 y 21 (RVR1960) obtenemos una explicación adicional de lo que esta traición involucra:

Extendió el inicuo sus manos contra los que estaban en
paz con él;
violó su pacto.
Los dichos de su boca son más blandos que mantequilla,
pero guerra hay en su corazón;
suaviza sus palabras más que el aceite,
mas ellas son espadas desnudas.

Las palabras son un peligro. Pueden fomentar vida y acarrear muerte, a veces en una misma frase. Pueden disfrazarse de esperanza, pero propinar una bofetada de desaliento. Y quien mejor sepa utilizar las palabras tendrá el poder tanto para herir como para sanar, y tiende a hacer ambas cosas (lo sé por experiencia propia). David está sufriendo la verdad que todos conocemos: esa frase familiar de «a palabras necias, oídos sordos» es completamente falsa. Y resulta peor cuando las palabras dañinas proceden de la boca de quien antes fue una amiga. Un enemigo podría usar lo que dice para derribar a su oponente, pero cuando tu adversaria ha sido antes tu amiga, las dagas penetran a mayor profundidad y de forma más permanente. Llegan hasta nuestra psique como solo puede lograrlo una amiga.

Charles Spurgeon, el gran predicador del siglo diecinueve, declaró:

> *No hay enemigos tan reales como los falsos amigos. Los reproches de quienes un día intimaron con nosotros y en quienes confiamos hieren en lo más hondo; y conocen bien nuestras peculiares debilidades, que saben dónde tocar para llegar a la fibra más sensible y hablarnos para provocarnos el mayor daño [...] Podemos tolerar a Simeí, pero no podemos sufrir a Ahitofel.*
>
> *(El tesoro de David, Volumen I, Editorial Clie, p. 399).*

Ahitofel era amigo y aliado de David, pero cuando Absalón, su hijo, lo traicionó, este se puso de su parte y el rey se quedó sin amigo y sin hijo (2 Samuel 15). En el siguiente capítulo, Simeí le lanza maldiciones y piedras a David. Sin embargo, ese hombre pertenecía a la casa de Saúl (el enemigo de David), y lo que procediera de él era un tipo de ataque distinto, más esperado y menos doloroso. Esto es lo que Spurgeon expone cuando llega a este punto:

> *Los murmullos misteriosos y solapados de la calumnia con frecuencia hacen que una mente noble los tema más que ante sus enemigos abiertos; podemos arrostrar el ataque de un enemigo franco, pero las conspiraciones cobardes y las intrigas nos desconciertan y angustian.*
>
> *(El tesoro de David, Volumen I, Editorial Clie, p. 397).*

Resulta difícil recuperarse de los sentimientos que resultan de verse traicionada. Como en muchos de los salmos de lamento, cuando leemos este salmo vemos que David tiene todo tipo de pensamientos. Pasa de confiar en Dios a clamar a él por lo que está experimentando, y después vuelve a confiar, y de nuevo pasa al clamor. ¿Acaso no es así como funciona la traición? Una amiga o amigo que apreciamos nos vuelve la espalda, y esto nos produce graves dudas. Puede llevarte a la depresión. Puede causarte dolencias físicas. Puede incapacitarte para conciliar el sueño. Puede fomentar en ti el deseo de dormir todo el tiempo, porque la tristeza es demasiada. Puede incitar pensamientos que rebotan entre hablarte duramente a ti misma y creer lo peor de todos los demás. Puede causarte ansias de escapar.

¿Conoces el sentimiento de ser traicionada? Tal vez sepas ahora mismo cómo es. Y este salmo te asegura: Dios sabe cómo es sentirse traicionado, y no tienes que recriminarte por ello.

¿QUÉ HAY DE MIS SENTIMIENTOS?

Una cosa es que te defraude alguien con quien no estés emocionalmente involucrada, ¿pero qué me dices de la que fue tu amiga desde el jardín de infancia? ¿Qué haces cuando de repente se vuelve contra ti? ¿Qué hay del marido? ¿Y de esa hermana en Cristo? David nos está señalando lo que deberíamos sentir cuando alguien cercano nos traiciona. Cuando tienes todo un almacén de recuerdos compartidos con esa persona, la traición provoca sentimientos en ti. Al menos debería ser así.

Conforme organizan el salterio, Salmos 1 y 2 expresan cómo debería ser la vida y cómo será un día. Fuimos creados para la amistad y la comunión. Fuimos hechos para relaciones duraderas. Fuimos hechos para tratar a los demás con amabilidad y respeto. Sin embargo, aquí, en Salmos 55, no hay nada de eso. La vida no se parece en nada a lo que Dios pretendía. Consiste toda en puñaladas por la espalda y mentiras por todas partes. La vida en este mundo posterior a Génesis 3 es un grito constante de que todo no va bien. Esto fue lo que angustió a David. Y también es lo que nos causa angustia a nosotros. Sabemos lo que es verdadero y correcto. Conocemos cuál era la intención de Dios. Sin embargo, con regularidad nos encontramos con todo lo opuesto. Y sentimos esa desarticulación en lo más profundo.

¿CÓMO SANA SALMOS 55?

Hay algunos salmos que no puedes leer sin ver a Jesús. Y cuando pensamos en la traición de una amiga, no es difícil ver cómo Jesús fue quien enfrentó la peor traición de todas.

El libro de Salmos es el cancionero del pueblo de Dios y nos proporciona un lenguaje en nuestra angustia. Jesús podría haber cantado este:

> *Si un enemigo me insultara,*
> *yo lo podría soportar;*
> *si un adversario me humillara,*
> *de él me podría yo esconder.*
> *Pero lo has hecho tú, un hombre como yo,*
> *mi compañero, mi mejor amigo,*
> *a quien me unía una bella amistad,*
> *con quien convivía en la casa de Dios (vv. 12-14).*

Jesús sabía cómo se sentía ser traicionado por alguien que se había llamado a sí mismo amigo íntimo. Primero, estaba Judas, vendiendo a Jesús al mejor postor. Luego estaban todos los demás discípulos, que lo abandonaron cuando fue arrestado; y su amigo más cercano, Pedro, que negó haberlo conocido. En la hora de su mayor necesidad, Jesús se quedó completamente solo ante sus acusadores. Eso es traición. ¿Te han decepcionado mucho? Tienes un Salvador que se enfrentó a eso, que probó esa amargura en el mayor grado. Él sabe íntimamente cómo se siente cuando alguien a quien «*comunicábamos dulcemente los secretos*» nos da la espalda y nos niega. Entonces, ¿cómo procesas los sentimientos que se desatan cuando una amiga te traiciona? Primero, te permites sentir esas cosas. Salmos 55 te da permiso para hacerlo. Sin embargo, luego debes confiar, confiar en que Dios te mantendrá firme incluso después de que tu amiga te defrauda. Mira el versículo 22:

> *Encomienda al SEÑOR tus afanes,*
> *y él te sostendrá;*
> *no permitirá que el justo caiga*
> *y quede abatido para siempre.*

Y aquí es donde Salmos 1 y 2 también nos enseñan cómo salir adelante. Las bendiciones de Salmos 1 y 2 no solo van a ser verdaderas en la eternidad, sino que son verdaderas ahora, incluso en medio de este mundo caído. Ellos nos muestran cómo vivir una vida bendecida incluso a través del sufrimiento. La desorientación que provocan los lamentos hace que los salmistas se pregunten si están o no en el camino de la bendición, pero cuando se reorientan en la Palabra de Dios y su rey, pueden estar seguros de que están transitando por ese camino, incluso cuando no lo parece. Ellos luchan a través de la angustia por lo que saben que es verdadero acerca de Dios y sus propósitos.

Salmos 55 comienza y termina con Dios. Aunque David es increíblemente honesto y crudo sobre sus sentimientos en todo momento, él sabe a dónde puede recurrir con esos sentimientos a medida que amenazan con abrumarlo. Puedes depositar tu carga sobre el Señor, porque él te sostendrá y te preservará. ¿Qué necesitas cuando te sientes traicionada por una amiga cercana? Necesitas algo fuera de ti para apoyarte, porque no hay nada dentro de nosotras que nos sostenga cuando una amiga «familiar» se ha ido. Salmos 55 siente la traición contigo. No obstante, también te lleva a tener esperanza, a poner tu carga sobre el Señor. No tienes que llevarla sola. En cambio, puedes entregarle esta gran traición a quien entiende y sostiene. La traición puede hacerte sentir como si no tuvieras nada que te mantenga estable —que esto podrá derribarte y no hay nada que pueda hacerte levantar o seguir adelante— pero el versículo 22 nos consuela al decir que eso no es posible para el creyente. Dios te mantendrá firme incluso cuando tus circunstancias no lo hagan.

AL FINAL, CONFÍA

Habrá muchas referencias a confiar en Dios en este libro. Si bien cada salmo podría estar tratando con diferentes circunstancias, todos terminan aquí finalmente. Nosotros también podemos hacerlo, incluso si pudiéramos estar luchando a lo largo del camino. Los salmos nos están llamando a confiar en Dios una y otra vez. Nos están llamando a confiar en Dios cuando los amigos nos traicionan. Nos están llamando a confiar en Dios cuando no somos capaces de ver lo que él podría estar haciendo. Confiar es el objetivo final para todos nosotros, pero a veces tal vez necesitemos un tiempo para llegar a hacerlo; y a veces, como en el caso de David aquí en Salmos 55, podría significar que confiamos, y luego volvemos a llorar, luego confiamos en Dios por un momento, y luego volvemos a llorar. No obstante, el objetivo final es que comencemos y terminemos con la confianza, aunque experimentemos muchos sentimientos en todo el intermedio.

David terminó donde todos debemos terminar. David conocía a Dios, y debido a esto sabía que Dios al final lo liberaría. Cuando una amiga íntima te decepciona, cuando te arrojan las flechas de la calumnia, o cuando sientes que ya no puede confiar en nadie a tu alrededor, puedes confiar en el que «redimirá en paz [tu] alma» (v. 18, RVR1960). Como dice el Nuevo Testamento, puedes confiar en Aquel que permanecerá a tu lado hasta el final (ver Filipenses 1:6). En medio de la traición de una amiga puedes sentir que esto te ha quitado todo lo terrenal, pero esa persona no puede tomar lo más importante, tu alma.

No obstante, incluso cuando encuentras esperanza en esto, los sentimientos permanecen. Por supuesto que sí. La traición es dura. No hay forma de evitarlo. Como el salmista en Salmos 1 y 2, debemos mirar a lo que está por venir mientras luchamos con los sentimientos del presente. Tu amigo puede haberse ido, pero hay un amigo que es más cercano que un hermano (Proverbios 18:24). Su nombre es Jesús, y ninguna traición puede alejarlo de ti.

Salmos adicionales: Salmos 57, 59, 69

Anotaciones

DESESPERADA
SALMOS 88

Tan colmado estoy de calamidades
que mi vida está al borde del sepulcro.

Salmos 88:3

Hay años que formulan preguntas y años que
proporcionan respuestas.
    (Zora Neale Hurston, Sus ojos miraban a Dios)

¿**H**as afrontado alguna vez los años de preguntas? Son meses y meses en los que te parece caminar en medio del sufrimiento sin alivio, y te preguntas cuándo llegará la respuesta. Día tras día gritas esperando que tu familia, tus amigos, cualquiera pueda escucharte, suplicando respuestas, pero sin conseguir ninguna. Existen lapsos de tiempo que conducen a cuestionarlo todo. Tal vez te encuentres ahora en uno de ellos. Quizás lleves ya un cierto tiempo en uno.

Sé cómo te sientes. Y, como comprobarás en este capítulo, son incontables las personas que a lo largo de los siglos también se identifican contigo.

Después de que Ben naciera, pensé que saldríamos del hospital, nos iríamos a casa y regresaríamos a la «normalidad» de la vida. Pensé que llevaría a un bebé vivo a casa, que yo regresaría viva, que nos reuniríamos con el resto de la familia y dejaríamos atrás el doloroso capítulo hospitalario.

No fue así. Yo no pude.

Tenía todo aquello constantemente delante de mí, obsesionándome, aterrorizándome y agotando cada pizca de energía y gozo que me quedaban. Pensé que recibir el alta hospitalaria significaría olvidar aquel difícil episodio para no volverlo a vivir jamás. ¡Estaba muy equivocada!

Desde fuera se nos veía como una familia feliz, pero en nuestro interior rugía la oscuridad. Estar al borde de la muerte, casi perder a tu hijo, tiene un impacto duradero. Sencillamente, no podía regresar a la vida normal, porque en mi mente había desaparecido cualquier cosa que se asemejara a una «normalidad». Tuve que aprender a vivir con lo que me quedaba. Me asustaba salir de casa. Me aterraba acostarme a dormir. Me horrorizaba dejar a mis hijos al cuidado de otra persona. Tenía miedo de morir. Físicamente sentía mi propia mortalidad y de la de mis hijos, y no tenía la más mínima idea de cómo regresar al mundo ahora que parecía tenebroso y siniestro.

No estaba regresando a mi «normalidad» mental ni tampoco a mi «normalidad» física. Con cada mes que transcurría mis dificultades físicas también aumentaban. Recuperarme tras la cesárea demostró ser mucho más difícil que en los casos anteriores. Seguía sintiéndome mal. Me tuvieron que operar de nuevo. Durante casi un año y medio nuestra familia estuvo marcada por un flujo incesante de pruebas. Lo que empezó como un caso aislado de sufrimiento se convirtió en el patrón constante de tener que enfrentarse una y otra vez a un mundo quebrantado.

Nos estábamos ahogando. Yo me estaba ahogando.

Algunos días ni podía salir de la cama por culpa de la depresión; la oscuridad y el dolor físico superaban lo que me sentía capaz de soportar. Vivía con el constante temor de lo que ocurriría a continuación. Una noche miré a mi esposo y le comenté: «Siento como si Dios estuviera en mi contra». Y de verdad esta era mi percepción. Dios no parecía andar muy cerca. La sensación de desesperación era real y potente. La depresión permanecía sin señal de remisión. Empecé a entender que tendría que asimilar una nueva «normalidad», la que vi en Salmos 88:

> *Me has quitado amigos y seres queridos;*
> *ahora solo tengo amistad con las tinieblas (v. 18).*

De verdad sentía como si la oscuridad fuera mi mejor amiga y el quebranto mi adversario constante.

Ese es el punto en el que me encontraba. Ahí es donde estamos muchas de nosotras. Es donde se hallaba el salmista en Salmos 88. La desesperación es un sentimiento común, y la intención de Dios es consolarnos reflejando nuestra desesperanza en su Palabra. Es como si nos tranquilizara diciéndonos: *Te conozco y sé cuáles son tus luchas. Te estoy mostrando que no eres la única en sentirse así.* Tus circunstancias podrían parecerte distintas, pero el sentimiento es el mismo. El origen de la desesperación es tan variado como la constitución genética de cada persona: un desequilibrio químico en el cerebro, una dificultad relacional, un cambio en las circunstancias o la falta del mismo, el sufrimiento físico, o una combinación de todas estas cosas. Y en ocasiones, no hay explicación para ello. Salmos 88 es para nosotras cuando nos encontramos en ese lugar, cuando la oscuridad no parece acabar, sino que pesa con fuerza sobre nosotras como una manta húmeda en pleno invierno. El salmo es lo bastante genérico en su expresión de desesperanza como para que los cristianos de todas las personalidades y situaciones posibles puedan hallar esperanza en sus palabras. Sin importan cuáles sean las tinieblas en las que estemos caminando y el tiempo que duren, en medio de ellas se nos proporciona Salmos 88.

Este es un salmo de lamento, los cuales siguen un cierto patrón: un grito a Dios, una queja con respecto a la circunstancia, un punto de inflexión de la confianza, y a continuación una alabanza por la liberación. Sin embargo, en este salmo de lamento particular observarás una ausencia notable. No hay un punto de inflexión de la confianza. Acaba en tinieblas.

Salmos 88 posee todas las marcas de un salmo de lamento típico, como Salmos 55 y otros, y entonces de pronto carece de ellas. Pasa por todos los sentimientos de desesperación que proceden del sufrimiento físico, relacional y hasta de la depresión, y después no hay ningún «pero». Es oscuro y triste, y no cuenta con una resolución rápida, o mejor dicho no la tiene en absoluto. Muchos definen este salmo como el más tenebroso del salterio, y con razón. Mira cómo acaba:

> *Has alejado de mí al amigo y al compañero,*
> *y a mis conocidos has puesto en tinieblas*
>
> *(v. 18, RVR1960).*

Fin.

A pesar de todo, para mí este salmo —uno de profunda tristeza no resuelta— resulta consolador. La vida no es ordenada. En ella, nuestras circunstancias no siempre se solucionan con un final genial y lleno de esperanza. A veces, como el salmista, pasamos años o incluso toda nuestra vida afligidas y deprimidas (v. 15). Y hay días en los que no podemos ver cómo está obrando Dios o tan siquiera reunir la fe suficiente para confiar en él. Como el hombre de Marcos 9:24, cuyo hijo padecía una enfermedad que suscitó preguntas para las que no había respuestas, necesitamos que Dios ayude a nuestra incredulidad... pero a veces no tenemos ni las palabras para orar su misma frase.

Cuando hablo de los salmos, casi siempre menciono Salmos 88. Con frecuencia me sorprende cuán pocas personas saben de su existencia. Creo que se debe a lo mucho que nos asusta. Desconocemos qué hacer con una persona que no añade una expresión de confianza y alabanza al final de un lamento o una queja, en especial cuando procede de las sagradas Escrituras. Sin embargo, este salmo forma parte de ellas. Es inspirado por Dios. Está ahí para instruirnos y alentarnos, de manera que debemos lidiar con él. Incluso más que eso, sé que son muchos los cristianos que de un modo u otro viven en este salmo a diario (yo soy una de ellos), de manera que ignorar sus ricas verdades es descuidar la provisión de esperanza para los cristianos agotados. Necesitamos Salmos 88.

PIADOSA, PERO EN LA LUCHA

En primer lugar, necesitamos conseguir algún contexto para el salmo. Su autor, Hemán el ezraíta, es probablemente la persona mencionada en 1 Reyes 4:31, de quien se indica que no era tan sabio como Salomón (por lo tanto, era sabio, pero no el hombre más sabio que hubiese existido por siempre). Dado que el temor del Señor es el principio de la sabiduría (Proverbios 9:10), Hemán era piadoso a la vez que sabio, y se encontraba en las profundidades de la desesperación. Él se siente solo (Salmos 88:8). Desesperado (v. 18). Asustado y angustiado (v. 2). Como si nadie lo escuchara (vv. 9-12). Se pregunta si Dios se preocupa por él. Piensa que sus amigos lo han abandonado en medio de su sufrimiento.

En las Escrituras permanece de forma permanente un testimonio a la sabiduría de Hemán. Las pruebas de su piedad se encuentran en Salmos. Él no es el tipo de persona que alguien espera ver en semejante crisis de fe. No obstante, si estás experimentando una desesperación de esta clase, ¿no te consuela ver que un creyente sabio y piadoso escribiera esto y se sintiera de esta forma? La verdad es que los creyentes que aman a Cristo se desesperan. Esto no es señal de una falta de fe. Es vital recordarlo una y otra vez. Tu desesperación no es un comentario sobre tu fe o tu postura delante del Señor.

Sabemos que Hemán se siente desesperado, pero también que percibe otra cosa. Está seguro de la soberanía de Dios sobre su sufrimiento. Tras relatar la magnitud de su desesperanza, deja claro que sabe quién es el responsable. Es Dios:

> *Me has echado en el foso más profundo,*
> *en el más tenebroso de los abismos.*
> *El peso de tu enojo ha recaído sobre mí;*
> *me has abrumado con tus olas. Selah*
> *Me has quitado a todos mis amigos*
> *y ante ellos me has hecho aborrecible.*
> *Estoy aprisionado y no puedo librarme;*
> *los ojos se me nublan de tristeza.*
> *Yo, SEÑOR, te invoco cada día,*
> *y hacia ti extiendo las manos (vv. 6-9).*

Aquí tenemos a un hombre que reconoce que todo lo que está soportando procede de la mano soberana e insondable de Dios. ¿No percibes la confusión en sus palabras? *Tú eres quien me ha hecho esto,* grita. Él sabe quién ha provocado su malestar en última instancia, esto no hace más que agravar su dolor.

UN CLAMOR

Sin embargo, saber que Dios es soberano también le provee algo para gritar en medio de su dolor. No puede cambiar sus circunstancias, pero puede pedirle a Dios que intervenga. Clama a él y le suplica que transforme las cosas. Esta es la parte de Salmos 88 que está llena de esperanza, aunque no se pueda captar a primera vista. La única razón por la que Hemán clama a Dios es porque lo conoce y sabe que él es el único que puede salvarlo (v. 1). Puede hallarse en las profundidades de la desesperación y sentirse solo, pero tiene claro a quién puede acudir. Es posible que esté confundido por completo por lo que Dios está haciendo, pero al saber que Dios lo controla todo, tiene la certeza de poder clamar. Tú también puedes hacerlo.

Volveremos una y otra vez a esta verdad en este devocional, porque nos ayuda a entender el libro de Salmos y toda la Biblia. El salmista apela a lo que él sabe que es verdad y a las promesas hechas, aun cuando —o sobre todo porque— todo lo que le rodea cuenta una historia diferente. Salmos 1 y 2 hablan de lo prometido y de lo venidero. El resto de ellos nos hablan de la vida real y de cómo respondemos a ella. En los versículos 10 y 12 encontramos esta paradoja. *¿Podré alabarte cuando esté muerto?*, pregunta. *Sé quién eres, ¿pero te exaltaré en la tumba? ¿Qué declara esto sobre ti?* Salmos 1 nos habla de la vida bendecida que se deriva de estar arraigado en la Palabra. Salmos 2 es una declaración sobre el rey y su reino. En Salmos 88 no hallamos nada de esto. No hay bendición ni reino que prevalezca. ¿Cómo se vive, pues, a la luz de esto? Hemán nos señala que apelemos a Dios, a lo que sabemos de él y lo que prometió. Viene a reconocer, básicamente: *Estoy destinado a alabarte. Pero no puedo hacerlo si estoy muerto. Ayúdame.*

CONSUELO EN LA OSCURIDAD

La clave es esta: en medio de sus tinieblas, Hemán no cesa de orar ni deja de ser sincero con Dios. Es posible que no obtengas alivio ahora mismo y que no exista una fórmula real para hallarlo, pero podemos seguir clamando a Dios día y noche (vv. 1, 9, 13). Tal vez Dios no nos proporcione un respiro, pero siempre escucha (Romanos 8:26-27; 1 Juan 5:14-15).

Aun así, el salmo no acaba con la sanidad. Se diría que no hay nada que encontrar en él que pueda ofrecernos curación en nuestra desesperación. Sin embargo, creo que esta es exactamente la idea. Salmos 88 no es la receta para sanar nuestra desesperanza, porque eso es imposible. En ocasiones no nos curamos nunca en esta vida. A veces, la sanidad llega luego de transcurridos muchos años. Otras veces solo se produce para llevarnos de regreso al abismo unos meses o unos años después. Esta oscuridad no es ordenada ni se le encuentra una solución fácil, y por esta razón Salmos 88 se encuentra en la Biblia, para recordarnos que no estamos solos. Hemán el ezraíta no obtuvo alivio (que sepamos). A diferencia de otros salmos de lamento, no existe otro salmo de acción de gracias que se corresponda con este. Simplemente acaba en las tinieblas. Y por extraño que esto pueda sonar, me resulta consolador. No soy la primera ni la última que tenga que pasar un tiempo en la oscuridad. Tú tampoco.

Antes de acabar este capítulo es realmente importante recalcar que la depresión no es pecado. Es necesario repetirles esto una y otra vez a aquellas que luchan con la depresión. En ocasiones, la vida es oscura y punto, y no se ve luz. Vivimos en un mundo quebrantado donde todo tipo de cosas conducen a la depresión y la desesperanza. Dios no diseñó el mundo originalmente para que estuviera lleno de sufrimiento y pecado. Por ello, siempre resulta útil mantener a la vista Salmos 1 y 2, en especial mientras leemos Salmos 88. Salmos 1 y 2 nos dicen lo que es ideal; Salmos 88 nos muestra algo del lugar donde todos vivimos mientras aguardamos que Cristo vuelva y haga nuevas todas las cosas (Apocalipsis 21:5). Hasta entonces, incluso los cristianos más piadosos sienten desesperación o luchan contra la depresión.

Cuando consideramos de cerca Salmos 88, vemos que es posible que la solución no llegue, pero el grito desesperanzado alcanzará el lugar adecuado: Dios. Este salmo comienza con él: «Señor, Dios de mi salvación, día y noche clamo en presencia tuya» (v. 1); y acaba con él: «Me has quitado amigos y seres queridos» (v. 18). Es un salmo oscuro, desesperanzado, de oraciones no contestadas. Sin embargo, nos recuerda que no estamos solos. No somos los primeros ni los últimos en tratar con semejante desesperación. Y podemos seguir clamando todo el tiempo que esta dure. Alaba al Señor por medio de Salmos 88. Zora Neale Hurston estaba en lo cierto. Hay años que formulan preguntas y años que responden. ¡Qué consuelo que Dios nos provea un lenguaje en los años que solo hacen preguntas sin ofrecer respuestas!

Salmos adicionales: 77, 102, 143

Nota: Uno de los libros más útiles que haya leído sobre los cristianos y la depresión es *Los cristianos también se deprimen* de David Murray. Lo leí cuando estaba en todo el apogeo de mi lucha con la depresión postparto y postraumática, y fue un bálsamo para mi alma. Si necesitas consuelo y aliento, te lo recomiendo de corazón.

Anotaciones

_____

_____

_____

_____

_____

_____

_____

_____

_____

_____

_____

_____

_____

_____

_____

_____

_____

ABANDONADA
SALMOS 22

Dios mío, Dios mío, ¿por qué
me has abandonado?

Salmos 22:1

No hay nada peor que sentir que Dios te ha abandonado. Nada es más aterrador que la experiencia de contemplar tu vida y preguntarte: «¿Está Dios aquí? ¿Escucha? ¿Le importa?», y sorprenderte contestándote a ti misma: «Parece que no».

Vive el tiempo suficiente y en algún momento te sentirás olvidada y hasta abandonada por Dios. Vive el tiempo suficiente y de pronto te descubrirás cantando con el compositor del himno: «Por más que estés velado, e imposible sea tu gloria contemplar» («Santo, santo, santo»). En ocasiones, resulta difícil ver su santidad, su poder y su bondad. En algunos momentos, solo sientes abandono y soledad.

Es entonces cuando nos encontramos con Salmos 22. Este comienza con la pregunta familiar y desgarradora: «Dios mío, Dios mío, ¿por qué me has abandonado?». La misma no es nueva para nosotros, porque fue lo que Jesús exclamó cuando experimentaba la agonía de la cruz (ampliaré esto más adelante). Sin embargo, no permitas que la familiaridad atenúe la verdad de que es desgarradora («Dios mío») y desesperada («¿por qué?»). Tales palabras proceden de los labios de un hombre

—nada más y nada menos que de un rey— que conoce a Dios de un modo personal y profundo, y esto intensifica aún más la angustia de sentirse abandonado.

Este salmo se divide simplemente en dos claras secciones: el clamor (vv. 1-21) y la alabanza (vv. 21-31). El mismo pertenece al patrón típico de un salmo de lamento: clamar al Señor conduce a alabarle por su liberación. De muchas maneras, es un salmo de lamento y un salmo de acción de gracias unidos en uno solo.

EL GRITO DEL ABANDONADO

La primera sección de este salmo nos habla del sentimiento de su autor, el rey David. Él se siente abandonado (v. 1). Cree que Dios no lo escucha (v. 2). Que sus oraciones caen en saco roto y son en vano. Su sensación es que se burlan de él y es un inútil (vv. 6-8). Se siente solo (v. 11). Le parece como si la muerte lo rondara a causa de sus enemigos (v. 11-14). Está débil (vv. 15-18). Clama a Dios una y otra vez, y se diría que él no lo oye ni le responde.

¿Lo has experimentado alguna vez? ¿Estás sintiéndolo ahora? Te parece que Dios ha renunciado a ti. Pues Salmos 22 es para ti, amiga. ¿Adónde acudes? ¿Qué haces cuando te sientes olvidada por Dios? Deja que David sea tu guía en esto.

En mi opinión, una de las cosas más útiles de este salmo es la frecuencia con la que David pasa de la confianza a la desesperación. En los versículos 1-2 clama en medio de su desesperanza. En los versículos 3-5 apela al carácter de Dios y a su fidelidad hacia su pueblo en el pasado. De nuevo se angustia, y en los versículos 6-8 grita conforme se hunde en una espiral de indefensión. Esto lo lleva a recordar la fidelidad divina de formas personales en los versículos 9-10. Dios ha sido su Dios desde que nació, ¿cómo podría dejar de confiar en él ahora? Sin embargo, esto también es efímero, y desde el versículo 12 vuelve a no ver más que lo que sucede a su alrededor.

¿Quién no vacila entre los pensamientos veraces y los que no lo son? Escuchas palabras que te hablan de tu inutilidad y te desesperas; pero entonces recuerdas que tu mérito radica en haber sido creada a imagen de Dios, y te sientes un poco mejor; pero luego tus ojos se apartan por un momento, y ves a tus enemigos por todas partes, y la duda te vuelve a corroer.

Esa es la vida cristiana, ¿verdad? Un paso adelante en confianza y a continuación, muy rápidamente, un paso atrás en desconfianza. Es frustrante. Es normal. David conocía estas vacilaciones; sin embargo, no se quedó allí bloqueado.

¿Qué hizo entonces con sus sentimientos de abandono por parte de Dios? En primer lugar, fue sincero al respecto. En segundo lugar, a pesar de ellos, rememoraba la verdad.

David eleva su clamor a Dios en medio de su desesperación. Trae a su memoria las cosas verdaderas con respecto a la pasada fidelidad de Dios con él y su pueblo, y recuerda el carácter divino. Él es inmutable. Es el mismo ayer, hoy y mañana. Lo que hizo por su pueblo antaño lo volverá a hacer en el futuro. La Palabra de Dios es inalterable. Él cumple las promesas que hace. Cuando sentimos que Dios nos ha olvidado, podemos actuar como David. Podemos clamar y decir: «Señor, así me siento. Sinceramente, esto es lo que me parece». Y tenemos la posibilidad —la obligación— de recordar lo que él ha hecho por su pueblo (tanto en la historia más amplia como en nuestro caso personal). Podemos recordar quién es él. Tal vez nuestros sentimientos no cambien de inmediato, pero tampoco tuvieron este efecto sobre David. Sin embargo, tal actitud acabó teniendo fruto.

A menudo, cuando no le encuentro sentido a lo que Dios está haciendo, elevo una oración basada en lo que sé que es verdad sobre él. Pronuncio frases como: «Señor, sé que te preocupas por todo lo que has hecho, incluida yo. Te ruego que en medio de estas circunstancias confusas me muestres que te importo». Entonces enumero en oración las verdades que conozco sobre él: es bueno, amable, lleno de gracia, amoroso, paciente, me ha perdonado, estoy unida a Cristo y tengo comunión con el Padre. Las circunstancias oscuras pueden nublar la auténtica realidad de quiénes somos en relación con Dios. A menudo se requiere un grado de intencionalidad por nuestra parte para ver que, en realidad, él no nos ha desamparado. A veces seguimos sin ver que no nos ha abandonado, pero de todos modos oramos. Y esperamos. Porque hay mucho más que afirmar y saber.

DIOS APARECE

El espacio entre los versículos 21 y 22 es el punto de inflexión claro en este salmo. David empieza suplicándole a Dios que lo salve de la boca del león y los cuernos de los búfalos (la amenaza de la muerte y la destrucción). Una versión de la Biblia traduce este versículo de un modo más útil (y según los eruditos, más exacto):

> *Sálvame de la boca del león,*
> *de los cuernos del búfalo.*
> *¡Me respondiste!*

Y a continuación, en el versículo 22, David de repente está alabando a Dios en medio de su familia. Es prácticamente como si David estuviera en mitad de su grito desesperado, con los enemigos amenazándolo por todas partes, y entonces Dios irrumpiera y respondiera.

Hasta llegar a este punto, David ha estado yendo y viniendo entre su desesperanza y su recordatorio del carácter de Dios con él. Hasta este momento, solo ha escuchado el silencio. De repente, al final del versículo 21, algo cambia. Dios le responde. Con un grito de gozo, David consigue su respuesta de liberación y todo el salmo cambia de tono y de lenguaje.

¿Acaso no es así como Dios obra en ocasiones? Clamas a él pidiendo un respiro, ruegas por un cambio de circunstancias, rememoras lo que él ha hecho para reforzar tu propia fe, y solo obtienes silencio. No obstante, un día todo cambia. Tu corazón se inunda de calor, tu fe aumenta, tus oraciones son contestadas.

Salmos 88 nos recuerda que a veces vivimos en la oscuridad y la depresión durante un largo periodo, y Salmos 22 trae a nuestra memoria que, en ocasiones, Dios nos responde en mitad de nuestro grito de aflicción. ¡Eso resulta tan alentador! Es un recordatorio a fin de mantener el rumbo en nuestras plegarias para recibir liberación. La persistencia en la oración no se quedará sin fruto en tu vida. Esta traerá a tu memoria el carácter de Dios en la dificultad, te tranquilizará o te concederá el alivio que anhelas. Apelar a Dios basándote en lo que sabes que es cierto con respecto a él no es un esfuerzo fútil. Un día podrías descubrir sencillamente que tus oraciones han sido contestadas. Ciertamente lo verás en la eternidad.

¿Qué hace, pues, David con esta plegaria respondida?

Alaba a Dios. En los versículos 7-8 se queja de que el silencio del que le hace objeto provoca que se burlen del nombre divino. El escarnio no solo es hacia David por el mutismo, también es hacia Dios. En estos versículos, los que se mofan del rey dudan de que Dios sea fuerte para salvarlo, pero a partir del versículo 22 ya no hay lugar para la duda. Todos los que contemplan la liberación de David ven que ha sido cosa de Dios. Este rescate personal del monarca es para el beneficio corporativo (vv. 22-31). Recuerda, el término «salmo» significa literalmente «alabanza». Esta es la idea de los salmos, pero la alabanza no está incluida en todos ellos. En este sí, y eso nos alienta en nuestros propios momentos de sentirnos olvidadas por Dios. En esos instantes podemos clamar a él con sinceridad, apelar a su carácter y a su fidelidad pasada, y esperar. Él podría aparecer cuando los cuernos del búfalo proverbial se dirijan hacia ti (v. 21). O tal vez tengas que aguardar. No obstante, cuando te conteste, alábalo como tu libertador, para que todos puedan ver lo que él ha hecho (v. 31).

EL SALMO DE JESÚS

Aunque Jesús no hace alusión explícita a la mayoría de los salmos, en el caso de este salmo el Nuevo Testamento no podría ser más claro. De hecho, muchos eruditos y comentaristas de la Biblia consideran que es el que más se centra en Jesús. Él lo citó directamente desde la cruz (Mateo 27:46). Esa parte de las Escrituras nos indica que él cumplió versículos de este salmo (Mateo 27:35; Juan 19:24). Jesús atrae a las naciones a sí mismo (Salmos 22:27). Él es el Rey que gobernará a las naciones

(v. 28). La tierra será llena de su gloria (v. 29). Su nombre será alabado por siempre jamás (vv. 30-31).

Después de todo, incluso cuando leemos el clamor de David, parece que esta profundidad de aflicción no puede atribuírsele a él por completo, aunque su vida fue difícil en algunos momentos y se sentía abandonado por Dios. Entonces, ¿qué está haciendo? ¿Por qué se expresa de este modo? David está hablando de manera profética. Está actuando como profeta, refiriéndose a sí mismo, pero señalando más allá de su persona y hablando de lo que está por venir.

¿Por qué esto nos resulta consolador cuando nos sentimos abandonados y olvidados? Porque en realidad Jesús fue abandonado por el Padre, y esta es la razón de que él gritara como lo hizo. Y fue abandonado para que nosotras no lo fuéramos nunca. Es posible tener ese sentimiento en ocasiones, pero su desamparo fue la garantía de que esa impresión nuestra no se haga, no pueda hacerse, realidad.

No obstante, este también es el salmo de Jesús, porque él fue un ser humano que sintió toda esta agonía de un modo profundo. Ser un ser humano en este mundo caído implica sentir dolor. James Johnston declara:

> *Esta es una de las conexiones más íntimas y personales que tenemos con Jesús, mientras él sufría por nuestros pecados. Los Evangelios nos indican lo que le sucedió físicamente; también nos proporcionan las siete palabras que pronunció desde la cruz. Sin embargo, a través del profeta David, el Espíritu Santo nos señala lo que Jesús pensaba y sentía en su interior siendo un ser humano como nosotros* (The Psalms: Rejoice the Lord is King, Volume I página 234).

En la cruz, Jesús fue nuestro Salvador del dolor, pero también nuestro modelo en medio del mismo. Como ser humano perfecto, él nos muestra que está bien clamar de esa forma cuando nos sentimos abandonadas. De hecho, yo argumentaría que es necesario. Implórale. Comunícale cómo te sientes.

Recuérdale su carácter y las verdades que sabes de él. Tu Salvador es compasivo, entiende tus emociones y te provee un lenguaje en medio de tu angustia, así como un futuro más allá de ella.

Por esta razón, el salmo acaba con una alabanza: porque se ha producido la liberación. David fue librado de su desamparo. Jesús fue rescatado de la muerte en la resurrección. Un día también lo seremos nosotras, quizá en esta vida, pero con toda seguridad en la venidera.

Ralph Davis comenta lo siguiente sobre el versículo 24:

> *Si el Mesías acabó padeciendo la aflicción más extrema, ¿experimentaremos nosotros menos dificultades? Si él contempló al final la sonrisa de Dios, ¿no podemos nosotros esperar ver lo mismo una vez más? De modo que el Libertado te transmite este testimonio: «Porque no menospreció ni abominó la aflicción del afligido», y puedes llevarte este texto contigo al abismo*
> *(Slogging Along in the Paths of Righteousness, página 157).*

La vida no es fácil. Salmos 22 nos muestra que, con toda probabilidad, nos sentiremos olvidadas y abandonadas por Dios en ocasiones mientras transitamos por este duro camino a nuestro hogar celestial. Cuando tengas esa sensación, puedes y deberías acudir a Dios con tus emociones. El Salvador lo hizo, y tú no deberías ser menos. Y debido a que él fue liberado, tú también lo serás. Puedes atesorar esta promesa. Cuando percibimos que Dios nos ha abandonado, podemos seguir el patrón de oración persistente de David, recordando la fidelidad y el carácter divinos; a continuación, por su gracia, aguarda a que esto te lleve a la alabanza y la fe en sus propósitos eternos. Y cuando él nos libere, podemos alabarlo y hablarles de su liberación a todos los que quieran escuchar... y acerca de cómo, mirando en retrospectiva, supimos que él estaba allí, con nosotros y por nosotros, todo el tiempo.

Salmos adicionales: Salmos 10, 71, 89

Anotaciones

EN MEDIO DEL DOLOR
SALMOS 6

Tenme compasión, Señor, porque desfallezco;
sáname, Señor, que un frío de
muerte recorre mis huesos

Salmos 6:2

En una ocasión asistí a la iglesia pocos días después de que me practicaran la cirugía, y mientras permanecía sentada durante el servicio aquella mañana, la postura de mi cuerpo intensificó el dolor de la cicatriz. Había pensado que me sentía bien ese día, pero acomodarme de ese modo en el banco me hizo ser completamente consiente de que me quedaba un buen trecho por recorrer. No podía ponerme en pie para cantar. No podía enfocarme en el sermón. No era capaz de orar. El dolor eclipsaba cualquier otra cosa de aquella sala, y me estaba debilitando.

Cuando abandoné la iglesia aquel día, sentí una empatía recién descubierta por aquellos que vivían con el dolor crónico. El sufrimiento tiene su manera de cerrarnos a todo lo demás y estremecernos hasta lo más profundo. Es un adversario casi constante, que no deja entrar a nadie para proporcionar alivio.

Salmos 6 habla de un gran dolor. David señala: «un frío de muerte recorre mis huesos» (v. 2). La RVC lo traduce como «todos mis huesos se estremecen». Y a Dios no le sorprende esa clase de dolor; tampoco nos abandona en mitad de él.

A lo largo de los años he rememorado el dolor de aquel domingo por la mañana (y este salmo) cuando la vida en un mundo quebrantado me ha hecho padecer en diversas etapas de mi existencia. El dolor es con frecuencia muy devorador y desorientador. Incluso podría dificultar la lectura de este capítulo. Quizá necesites leerlo por pequeños trozos, porque tu padecimiento inhibe tu concentración. Es horrible. Sin embargo, Dios nos ha proporcionado su Palabra para toda la vida, incluida esta parte. Salmos 6 me ha dado un lenguaje en medio de mi propio dolor, cuando lo único que podía hacer era llorar, empapar mi almohada de lágrimas (v. 6), suplicar alivio. Ruego a Dios que te provea una forma de expresión en mitad de tu sufrimiento.

HAY ESPERANZA

Este salmo es de David, pero al margen de esto no disponemos de gran contexto para su oración pidiendo un respiro. Esto es útil, porque nos permite la libertad de aplicarlo a toda una diversidad de circunstancias. Por su naturaleza general podemos hallar consuelo para cualquier dolor al que nos enfrentemos. Lo único que David nos señala es que su padecimiento lo está afectando física y espiritualmente (vv. 2-3, 5). Este es el camino del dolor físico, y resulta tan debilitante porque también afecta a nuestras emociones y nuestra vida espiritual. No puedes limitarlo tan «solo» a tu naturaleza física, porque *sientes* dolor. Es, a la vez, una experiencia emocional y física.

Sorprendentemente, este salmo está diseñado para que lo cante el pueblo de Dios. El título incluye múltiples referencias a la naturaleza musical del poema:

> *Al músico principal: con instrumentos de cuerda;*
> *sobre Seminit*

Todo esto parece extraño; la mayoría de nosotras no solemos cantar los salmos en nuestras reuniones de adoración; probablemente no sepas lo que es «Seminit» (yo tampoco); pero lo que resulta más difícil de imaginar es cantar los detalles de este salmo en un culto de adoración.

¿Cuándo fue la última vez que entonaste: «No me reprendas, Señor, en tu ira» (v. 1)? Lo más probable es que tu letra favorita para un cántico de adoración no sea «Cansado estoy de sollozar; toda la noche inundo de lágrimas mi cama» (v. 6). Sin embargo, su autor espera que cantemos la alabanza y el lamento juntos. El salmista desea que volquemos nuestros corazones ante Dios con gozo y dolor en adoración. Difícilmente comprendemos esto, en especial en el contexto occidental, pero este canto se compuso para que el pueblo de Dios lo cantara, de manera que está hecho para que nosotras también lo entonemos hoy.

Los salmos estaban destinados en la misma medida a la congregación y a los autores que los escribieron. Su propósito era alentar, fortalecer, instruir y demostrar empatía en medio de las numerosas pruebas, los gozos, el dolor y la alabanza que experimentamos. Por lo tanto, eso es lo que tenemos aquí en Salmos 6: un salmo universal para la iglesia universal. Lo debía cantar el coro, dirigiendo a la congregación, y esto nos señala que la experiencia del dolor es normal y que también es necesario expresárselo a Dios. Puedes clamar a él en adoración, como lo hizo David en Salmos 6, y para Dios será hermoso. Puedes lamentarte ante el Señor en tu padecimiento y ser una cristiana fiel.

En Salmos 6, David nos enseña a orar. A menudo pensamos que una plegaria debería alabar a Dios por quien él es y lo que ha hecho, y ciertamente incluye estos elementos, pero también está relacionada con personas desesperadas que le suplican que haga lo que ellos no pueden hacer solos. Por esta razón, David toma esta dirección desde el principio: los versículos 1-2 inician una súplica ferviente para que Dios se acuerde y se compadezca de él. Por lo tanto, este rey nos muestra cómo sentir, cómo adorar y cómo orar, y todo ello en este salmo lleno de una angustia tremenda. Esto resulta alentador cuando estamos lidiando en mitad de un dolor que no parece mitigarse. Dios nos guía en nuestra dificultad, porque —seamos sinceras— cuando el sufrimiento está causando estragos en tu cuerpo, no tienes la energía para imaginarte qué decir o cómo adorar. Aquí, el mensaje de Dios por medio de David es: *Déjame ayudarte a hallar las palabras que necesitas.*

LOS EFECTOS SECUNDARIOS DEL DOLOR

Las palabras que David encuentra para su dolor y su angustia son francas, y son comunes cuando el dolor nos abruma:

> *No me reprendas, SEÑOR, en tu ira;*
> *no me castigues en tu furor.*
> *Tenme compasión, SEÑOR, porque desfallezco;*
> *sáname, SEÑOR, que un frío de muerte recorre*
> *mis huesos.*
> *Angustiada está mi alma;*
> *¿hasta cuándo, SEÑOR, hasta cuándo? (vv. 1-3)*

El dolor puede hacerte sentir que Dios está en tu contra. Incluso es posible que percibas que él te odia. En el punto álgido de nuestro sufrimiento, nuestra mente puede jugarnos una mala pasada, arrojar dudas hasta en las creyentes más fervientes. Salmos 6 es una exhalación colectiva. Nuestros sentimientos podrían no ser ciertos, pero desde luego son de lo más reales. En esa emoción cruda, preguntamos: «¿Hasta cuándo?».

Por lo tanto, el dolor puede conducir a la angustia y las dudas. Podría llegar a debilitarte o enfermarte. (La Nueva Traducción Viviente traduce como «soy débil» el verbo «desfallecer» del versículo 2). Y el dolor es emocionalmente agotador:

> *Cansado estoy de sollozar;*
> *toda la noche inundo de lágrimas mi cama,*
> *¡mi lecho empapo con mi llanto!*
> *Desfallecen mis ojos por causa del dolor;*
> *desfallecen por culpa de mis enemigos (vv. 6-7)*

El dolor tiene algunos efectos secundarios difíciles que tienden a bloquearnos y drenar cualquier energía que quede en nosotras. Nos da la impresión de que, en el caso de David, esta es una batalla casi constante. La misma sucede durante toda la noche. Y continúa por un largo tiempo.

ACERCARSE O APARTARSE

El dolor cuestiona lo que sabemos y creemos, y no afloja. Formula muchas preguntas, pero nunca proporciona respuestas. Nos confunde. No permite entrar un solo rayo de luz. Te preguntas cuándo acabará el sufrimiento, y como David puedes clamar toda la noche.

Y el dolor puede tener uno de dos resultados en nosotros.

En primer lugar, puede acercarnos a Dios con confianza, porque lo conocemos y sabemos que nos ama, a pesar de lo que el dolor sugiere:

> *Vuélvete, SEÑOR, y sálvame la vida;*
> *por tu gran amor, ¡ponme a salvo! (v. 4)*

O en segundo lugar, puede apartarnos de Dios y provocar que lo rechacemos y nos endurezcamos contra él debido a lo que vemos que nos ocurre y sucede a nuestro alrededor.

Como alguien que se ha enfrentado a un grave dolor físico durante largos períodos de tiempo en el transcurso de los últimos años, sé de primera mano que en esos momentos te estás apoyando en lo que ya conoces como cierto. Cuando el dolor te invade necesitas combustible en el depósito que te permita llegar hasta tu casa. Con los simples humos no basta.

En mitad del dolor escucharás a Dios, que es soberano sobre tu padecimiento, o le prestarás oído al sufrimiento, que te grita que Dios no te puede ayudar y que no se puede confiar en él. El dolor tiene una forma de arraigarte a la senda que hayas escogido. Dicho de otro modo, tiene su manera de refinarte y mostrarte quién eres en realidad. Puede dejar al descubierto tus caprichos y arrastrarte de nuevo a Dios, o acercarte más a ese Dios en el que has confiado todo el tiempo; o puede revelar que, desde el principio mismo, nunca tuviste un asidero seguro, como la semilla que cayó en el terreno espinoso y pedregoso de Mateo 13. Por lo tanto, si lo permitimos, el dolor es extrañamente una oportunidad que no se ha pedido, que nos despoja de aquello a lo que nos aferramos demasiado, que nos traslada de nuevo al punto donde deberíamos encontrarnos y nos muestra que nuestro Dios todo suficiente es el único digno de nuestra confianza (Job 23:10).

Así es como David trata su dolor. Él puede responder con fe por lo que sabe sobre Dios. Ya está en la senda correcta, de modo que cuando el sufrimiento llega posee las herramientas necesarias para resistir a pesar de las dificultades. Tú también puedes tener esta actitud debido a tu conocimiento de Dios. Por esta razón, Salmos 1 es del todo crucial para comprender y creer. Aquello en lo que meditas tiene una verdadera importancia. La vida de bendición se halla en conocer a Dios por medio de su Palabra. ¿Cómo si no soportarías cuando tus huesos se estremecen y desfalleces? ¿Cómo florecerás como un árbol plantado junto a corrientes de aguas cuando sientes que el suministro se ha secado? Meditas en la Palabra y permaneces firme en la adversidad, incluido el dolor.

Sin embargo, vivir Salmos 1 no significa que la vida no sea una lucha. Ciertamente lo era para David, como nos indica Salmos 6. David primero clama a Dios y apela a él basándose en quién es (Salmos 6:1-5); a continuación, llora y se angustia (vv. 6-7). El lamento es un estira y afloja. *¡Vuélvete, Señor, y respóndeme! ¡Sé quién eres!* Esto se convierte en su llanto y su dolor antes de transformarse de nuevo en confianza. Es el patrón de la experiencia humana. Clamamos llevadas por la confianza, y a continuación clamamos en angustia, para luego volver a invocar llenas de confianza. El dolor es duro y es real, y en ocasiones tenemos que recorrer un camino hasta alcanzar ese lugar de confianza. Sin embargo, esa senda acabará conduciéndonos al Dios que oye, que entiende y que está listo para consolarnos en nuestro padecimiento. Conocerlo a través de su Palabra es lo que nos proporciona la fuerza para clamar a él, como nos instruye Richard Sibbes, pastor puritano del siglo diecisiete:

¿Estás lastimado? Consuélate, él te llama. No escondas tus heridas, muéstralas todas delante de él y no prestes

oído al consejo de Satanás. Acude a Cristo, aunque
temblando como la pobre mujer que exclamó: «Si tocare
solamente su manto» (Mateo 9:21). Seremos sanados
y recibiremos la respuesta de gracia. Acude con valor
a Dios en nuestra carne; él es carne de nuestra carne y
sangre de nuestra sangre para que podamos ir a él con
valentía. No temas nunca acercarte a Dios, porque
tenemos tal Mediador en él, que no solo es nuestro
amigo, sino nuestro hermano y esposo.
　　　(The Bruised Reed, traducción literal, página 9)

Tu Señor no te va a presionar hasta sobrepasar la resistencia que
por su gracia alcances. No te va a menospreciar ni dejará de
usar tu dolor. Saber esto es lo que te dará las fuerzas para seguir
clamando a él en tu sufrimiento. Con el grito viene la gracia
sustentadora.

EL DOLOR Y LA ESPERANZA DEL NUEVO MUNDO

En este salmo, David todavía no ha recibido liberación.

> *¡Apártense de mí, todos los malhechores,*
> *que el SEÑOR ha escuchado mi llanto!*
> *El SEÑOR ha escuchado mis ruegos;*
> *el SEÑOR ha tomado en cuenta mi oración.*
> *Todos mis enemigos quedarán avergonzados y*
> *confundidos;*
> *¡su repentina vergüenza los hará retroceder! (vv. 8-10).*

David afirma que Dios lo ha oído, ¿pero observas el tiempo
verbal del versículo 10? Es futuro. David no está declarando
que Dios les haya hecho esto a sus enemigos. Él asevera que
Dios actuará así con sus enemigos. El rey está acudiendo a
Dios con confianza antes de que llegue la liberación. ¿Cómo
puede hacerlo? Por las verdades contenidas en Salmos 2 y a lo
largo de toda la Biblia. Recuerda, Salmos 2 establece el salterio
al indicarnos el plan de Dios para todos los tiempos: instau-
rar su reino para siempre por medio de su Hijo, Jesús. Un día,

todo enemigo será derrotado, y esto le proporciona esperanza a David. Un día, el rey de este rey hará todas las cosas nuevas, incluido un cuerpo lleno de dolor. Esta visión es la que nos alienta cuando el dolor de la vida amenaza con hacernos polvo, como en Salmos 6. Esto no durará para siempre.

El futuro que se le ha prometido en Salmos 2 es lo que capacitó a David para clamar por fe, incluso cuando la liberación seguía estando muy lejos. El porvenir que se nos augura en este salmo, en Apocalipsis 21—22 (donde Cristo regresa y renueva todas las cosas), e incluso a lo largo de todo el Nuevo Testamento, nos faculta para hacer lo mismo. Tenemos la misma confianza que David tenía en Salmos 6:10. Un día Dios se ocupará de todos nuestros enemigos, incluso el que lleva por nombre «dolor». Mientras aguardamos, clamamos con súplicas sinceras al único que puede sustentarnos y sanarnos, el único que puede redimir nuestro dolor sirviéndose de él y después quitándolo: el Señor, quien reina sobre todas las cosas.

Por ello, gritamos: «Ven, Señor Jesús». Y sabemos que cuando lo haga, acabará todo clamor.

Salmo adicional: Salmos 38

Anotaciones

_____

_____

_____

_____

_____

_____

_____

_____

_____

_____

_____

_____

_____

_____

_____

_____

_____

_____

_____

INÚTIL
SALMOS 8

Cuando contemplo tus cielos,
obra de tus dedos,
la luna y las estrellas que allí fijaste,
me pregunto:
«¿Qué es el hombre, para que en él pienses?
¿Qué es el ser humano, para
que lo tomes en cuenta?».

Salmos 8:3-4

«Siento que he fallado como madre», me comentó ella mientras tomábamos un café. No es la primera ni la última mujer que se siente fracasada. Para ser sincera, este es un estribillo que le repito casi a diario a mi esposo con ligeras variaciones.

«Soy una mala escritora».

«Soy una mala vecina».

«Soy una mala esposa».

«Soy una mala amiga».

«Soy una mala madre».

«Soy un mal miembro de la iglesia».

Me siento inútil.

¿Te suena familiar? La soltera que quiere casarse se siente inútil, porque no hay hombre interesado en ella. La mujer sobrecargada de tareas se siente inútil, porque no puede llevar a cabo sus responsabilidades de trabajo y mantener sus amistades. La esposa se siente inútil, porque ya no es capaz de conectarse con su marido. La que está casada con un ministro se siente inútil, porque las necesidades son muchas y las horas del día pocas para suplirlas. La mamá que se queda en casa se siente inútil, porque ella ha renunciado a una carrera prometedora para cuidar a sus hijos, quienes no pueden decirle lo bien que lo está haciendo, y siente que el mundo laboral ha seguido adelante sin ella. La madre que trabaja se siente inútil, porque las voces críticas le señalan que se está perdiendo muchos años de sus hijos.

Los libros populares de autoayuda sostienen que con solo creer en nosotras mismas o hablarnos de forma positiva nos sentiremos mejor. Sin embargo, ¿y si has llegado tan lejos que ni siquiera puedes pensar ya en nada bueno que expresar sobre ti misma? Y aunque seas capaz de conversar con tu imagen en el espejo, los sentimientos positivos no duran para siempre; porque cuando lo que logramos, aquello en lo que fracasamos, lo que hacemos y lo que recibimos de los demás es lo que dirige nuestro sentido de la autoestima, estamos intentando construir sobre arenas movedizas. Todas estas cosas son caprichosas y están sujetas al cambio; si basamos nuestro mérito en ellas, este será igual de voluble.

Salmos 8 tiene un consejo mejor para nosotras cuando nos sentimos inútiles.

CONSIDERA TU PEQUEÑEZ

Podría resultar extraño empezar indicándole a una lectora que se siente inútil que la forma de combatirlo es considerando su pequeñez, pero eso es exactamente lo que estoy haciendo, porque es lo que David dice en Salmos 8. Para conocer tu valía tienes que ver primero lo pequeña que eres. Es necesario que identifiques quién eres en el gran esquema de las cosas. Muchos de nuestros sentimientos de inutilidad se deben a expectativas nada realistas; incluso a expectativas de ser como Dios. Nos tropezamos con nuestra incapacidad de terminar con nuestra lista de tareas, o de suplir todas las necesidades de nuestra familia, o incluso las propias, y no sentimos inútiles. Nos sentimos pequeñas. Nos sentimos débiles.

Y es que somos pequeñas y débiles, porque no somos Dios.

Salmos 8 guía nuestra mirada a nuestro majestuoso Dios. Su tema se encuentra en el primer y último versículo, que usan un elemento literario denominado «inclusión». La declaración se repite, sirve de marco y nos muestra de qué trata el salmo:

> *Oh Señor, Soberano nuestro,*
> *¡qué imponente es tu nombre en toda la tierra! (v. 1)*

> *Oh Señor, Soberano nuestro,*
> *¡qué imponente es tu nombre en toda la tierra! (v. 9)*

Dios es el foco central de Salmos 8 y de todo lo que experimentamos. En el salmo se nos alienta a contemplar a este Dios majestuoso que llena la tierra de su gloria. La primera forma de ver tu pequeñez es cuando diriges tu mirada al mundo que Dios ha creado y compruebas que no gira en torno a ti. Gira alrededor de alguien mucho más grandioso, el Creador. El mundo, incluso tus seres queridos, no necesitan que seas perfecta. Ya tenemos a un Creador perfecto. Nuestra pequeñez nos libera a la vez que nos humilla.

Toda creación procede de las manos de Dios: las estrellas, la luna, los cielos, la tierra; todo es suyo (v. 3). Vemos nuestra insignificancia en la inmensidad de su poder creador. Nosotras hacemos cosas a una escala muy pequeña en comparación con el Señor Dios majestuoso. Yo escribo un libro. Él generó esta tierra por medio de su palabra. Yo doblo la ropa lavada. Él puso cada hoja en cada uno de los árboles. Yo pinto una habitación. Él inventó los colores. Esto debería hacer que nos maravilláramos y nos humilláramos al mismo tiempo. Somos pequeñas; él no.

Sin embargo, también comprobamos nuestra pequeñez en cómo derrota Dios a sus enemigos.

> *Por causa de tus adversarios*
> *has hecho que brote la alabanza*

de labios de los pequeñitos y de los niños de pecho,
para silenciar al enemigo y al rebelde (v. 2)

Él silencia a su enemigos por medio de los más débiles de entre nosotros. Los bebés y los niños no pueden derrotar a nadie. Lo sabemos. No obstante, David nos está mostrando aquí que los caminos de Dios no son los nuestros. Cuando Dios obra a favor de su pueblo, lo hace de tal manera que la gloria sea solo para él. No se cuestionará quién es poderoso para salvar cuando Dios nos libra del mal. De modo que se sirve de personas indefensas y débiles, como los bebés y los niños.

A lo largo de las Escrituras, la debilidad ha sido la forma en que Dios ha obrado en el mundo. Él usó a Sara, Rebeca y Raquel, todas estériles, para hacer una nación poderosa (Génesis 11:30; 25:21; 30:1). Se sirvió de Moisés, un tartamudo, para liberar a su pueblo de la esclavitud (Éxodo 4:10-17). Utilizó a una mujer extranjera viuda para continuar el linaje del rey David (Rut 4:14-22). Escogió al hijo más pequeño de una familia, un pastorcillo, para dirigir a su pueblo (1 Samuel 16:11-13), y para escribir este salmo. En su supremacía, Dios mismo vino a la tierra como un recién nacido, adoptó forma de siervo haciéndose humano, y padeció una muerte humillante y horrible para liberar a su pueblo de sus pecados. Dios usa la debilidad para manifestar su gloria. No está buscando a personas que piensen positivo y se convenzan a sí mismas de lo extraordinarias que son, sino a los que son mansos y reconocen su necesidad de él.

Y una vez que has entendido lo pequeña que eres, estás preparada para maravillarte:

Cuando contemplo tus cielos,
obra de tus dedos,
la luna y las estrellas que allí fijaste,
me pregunto:
«¿Qué es el hombre, para que en él pienses?
¿Qué es el ser humano, para que lo tomes en cuenta?»
(vv. 3-4)

Ver lo pequeñas que somos en el cosmos de Dios nos lleva a considerar cuánto él nos ama como seres creados suyos. De ahí es de donde sacamos nuestra valía. Nuestro mérito no reside en lo que hacemos, creamos, o incluso creemos. Al contrario, está en ser creadas y amadas por el Creador. Cuando vemos el mundo y lo pequeñas que somos dentro de él, nos humillamos, pero a la vez nos maravillamos al ser conscientes de que Dios se ha rebajado hasta el punto de preocuparse por nosotros. Esto nos confiere la mentalidad adecuada para poner a Dios en el lugar que le corresponde.

VE TU VALÍA

Una vez que David nos ha ayudado a ver nuestro lugar como seres creados en el mundo creado de Dios, a continuación pasa a lo que hacemos en este mundo. Aunque nuestro mérito no se halla jamás en lo que logramos, Dios nos ha asignado una función que desempeñar en su creación. Y esto también debería hacer que nos humilláramos, que nos maravilláramos al ver cómo cuida de nosotros. Sin duda fue lo que llevó a David a este punto:

> *Sin embargo, los hiciste un poco menor que Dios*
> *y los coronaste de gloria y honor.*
> *Los pusiste a cargo de todo lo que creaste,*
> *y sometiste todas las cosas bajo su autoridad:*
> *los rebaños y las manadas*
> *y todos los animales salvajes,*
> *las aves del cielo, los peces del mar,*
> *y todo lo que nada por las corrientes oceánicas*
>
> *(vv. 5-8, NTV)*

Este es el lenguaje de la creación, que se hace eco de Génesis 1:26-27 (NTV):

> *Entonces Dios dijo: «Hagamos a los seres humanos a*
> *nuestra imagen, para que sean como nosotros. Ellos*
> *reinarán sobre los peces del mar, las aves del cielo, los*

animales domésticos, todos los animales salvajes de la
tierra y los animales pequeños que corren por el suelo».
Así que Dios creó a los seres humanos a su propia
imagen.
A imagen de Dios los creó;
hombre y mujer los creó.

David se asombra, porque sabe lo majestuoso que es Dios, y
por ello no puede creer que él quiera usarlo para gobernar y
reinar sobre su creación. ¿Cuándo fue la última vez que dejaste
de pensar en lo que significa ser portadora de la imagen de
Dios? Has sido creada a imagen de Dios, lo cual significa que
eres su representación para el mundo que observa. Todo lo que
haces le dice al mundo cómo es Dios, desde tu trabajo hasta la
forma en que administras tu hogar y tus relaciones en el vecindario. Sin embargo, no te limitas a contar una historia; tienes
que asociarte con Dios en su historia, trabajando donde él te
haya colocado, cultivando los dones que te ha dado, usando
los recursos que ha provisto para ti en proporción con la energía que te ha permitido, y dominando la tierra como lo han
hecho innumerables portadores de su imagen antes de ti. Tu
trabajo, tu vida y tu servicio pueden apuntar todos ellos a su
gloria. Que use a cualquiera de nosotras debería hacer que nos
maravilláramos como David y que exclamemos: «Oh Señor,
Soberano nuestro, ¡qué imponente es tu nombre en toda la
tierra!».

Esto transforma nuestra manera de ver aquellas cosas que el
mundo considera pequeñas y sin gran valor.

Tal vez acabaste de limpiar el piso (solo para que un segundo
después se te haya derramado la leche), y luchas para ver cuán
valiosa es esta tarea o cómo conduce a la alabanza. O reali-
zas un trabajo rutinario y no pareces verle propósito alguno al
final de un largo día. O enseñas a niños pequeños en la escuela
dominical, una semana tras otra, y eso no te resulta tan llamati-
vo como dirigir la música el domingo por la mañana. A los ojos
del mundo estas cosas podrían parecer menos importantes —
menos valiosas— que otras tareas más orientadas a resultados,

las cuales con mucha frecuencia vemos elogiadas. Sin embargo, todas estas cosas pueden ser adoración; pueden brindarle gloria a Dios y ser consideradas loables por él. Seamos presidentas de una empresa o barrenderas, Dios puede usar, y usa, lo que hacemos en servicio a él para darle gloria y amar al mundo que ha hecho. Ningún trabajo es demasiado pequeño en el reino de Dios. Toda labor le pertenece. Todas lo glorifican.

¿Quieres conocer tu valía? Considera a Aquel de cuya imagen eres portadora. Dios te ve como su hija redimida y amada. Te invita a trabajar con él, y te considera a ti y lo que haces, aunque nadie más lo perciba. A Dios le complace tu servicio y olvida tus fallos. Esto transforma nuestra manera de trabajar, servir y vivir según nuestro llamamiento como portadoras de su imagen.

TRES COSAS PARA RECORDAR CUANDO TE SIENTES INÚTIL

Por supuesto, resulta fácil aconsejar: «Limítate a meditar en la fuerza de Dios en medio de la debilidad y en cómo él te ha creado, y todo irá bien». Sin embargo, yo sé que eso no siempre es verdad. Incluso quienes poseen la mejor teología se encuentran a menudo, como mi amiga al principio de este capítulo, analizando su vida y sintiéndose inútiles. De modo que aquí tienes algunas verdades para recordar cuando estés en esa situación.

Nos sentimos inútiles cuando olvidamos que somos todos portadores de una imagen, con una función que desempeñar. Romanos 12:3-8 (NTV) es muy útil aquí:

> *Basado en el privilegio y la autoridad que Dios me ha dado, le advierto a cada uno de ustedes lo siguiente: ninguno se crea mejor de lo que realmente es. Sean realistas al evaluarse a ustedes mismos, háganlo según la medida de fe que Dios les haya dado. Así como nuestro cuerpo tiene muchas partes y cada parte tiene una función específica, el cuerpo de Cristo también. Nosotros somos las diversas partes de un solo cuerpo y*

*nos pertenecemos unos a otros. Dios, en su gracia, nos
ha dado dones diferentes para hacer bien determinadas
cosas. Por lo tanto, si Dios te dio la capacidad de
profetizar, habla con toda la fe que Dios te haya
concedido. Si tu don es servir a otros, sírvelos bien.
Si eres maestro, enseña bien. Si tu don consiste en
animar a otros, anímalos. Si tu don es dar, hazlo con
generosidad. Si Dios te ha dado la capacidad de liderar,
toma la responsabilidad en serio. Y si tienes el don de
mostrar bondad a otros, hazlo con gusto.*

Formas parte de un cuerpo (la iglesia), y en el cuerpo humano cada pieza es necesaria para que este se desarrolle. Lo mismo es cierto en tu caso. Importas. Fuiste creada a la imagen de Dios, con dones y capacidades específicas que solo tú puedes aportar. Cuando olvidamos esto, cuestionamos nuestra valía.

Nos sentimos inútiles cuando olvidamos que somos portadoras de su imagen, diseñadas para reflejarlo a él y no a nosotras mismas. Nuestro trabajo, nuestros dones, nuestro servicio y nuestra vida misma deberían declarar su gloria. Una imagen no existe por sí misma. Está destinada a (y es capaz de) apuntar a algo más grande, y en nuestro caso eso más grande es el Creador del universo, Dios. Podemos ser esas personas diseñadas por él en libertad, porque sabemos que nos creó para sí. Es posible que el mundo nos compare con otra persona y nos haga sentir pequeñas, pero el mundo es un amo severo. Dios no lo es, y él se agrada de nosotras cuando recordamos que trabajamos para su gloria y no para la nuestra.

Nos sentimos inútiles cuando olvidamos que somos portadoras de su imagen, no competidoras. ¿Con cuánta frecuencia nos sentimos sin valor porque apartamos los ojos de nuestra propia carrera (Hebreos 12:1-2) y en cambio miramos a la de quien está a nuestro lado? Vemos a una mejor mamá, una mejor amiga, una mejor esposa, una mejor empleada, una mejor miembro de la iglesia o una mejor atleta y nos sentimos insignificantes, envidiosas, inútiles. No obstante, si todas somos portadoras de su imagen, eso significa que todas tenemos una función.

Puedes hacer aquello para lo que Dios te creó con gozo, sin celos. No se trata de una competición.

Cuando damos un paso atrás y consideramos lo que Dios ha hecho en el mundo, en nosotros y en el universo, nos maravillamos. Puede ser que te sientas inútil, pero eso no significa que estés en lo cierto. Es posible que seas débil, pero esto no quiere decir que Dios no te vaya a usar. Él se sirve del débil y pequeño para avergonzar al fuerte y así permitir que el mundo vea su grandeza.

En todo tu cuerpo no existe un solo hueso inútil. Importas. Eres salva. Eres amada. Eres útil para Dios. La inutilidad no figura en tu ADN. La imagen de Dios sí.

Salmos adicionales: Salmos 24, 33, 76, 139

Anotaciones

AGOTADA
SALMOS 42 Y 43

«¿Por qué voy a inquietarme?
¿Por qué me voy a angustiar?
En Dios pondré mi esperanza,
y todavía lo alabaré.
¡Él es mi Salvador y mi Dios!».

Salmos 43:5

«¿Falta mucho para llegar?».

Esta es una pregunta que solemos escuchar en nuestros largos viajes en auto para visitar a nuestra familia. Lo que comienza como un viaje de aventura a través del país, no tarda en convertirse en una serie de demandas persistentes con el fin de saber con exactitud cuánto queda para llegar a nuestro destino. Los tentempiés ya no surten efecto. Los libros han perdido el interés. Incluso los iPads y las películas no pueden enmascarar la frustración por la duración del viaje.

—¿Cuánto más? —preguntan.

—Solo unas cuantas horas —respondemos.

—Pero, ¿cuánto falta? —vuelven a inquirir transcurridos cinco minutos.

—¿Qué acabamos de decir? —replicamos cada vez más frustrados.

—PERO, ¿CUÁNTO MÁS? —imploran.

Debido a que nuestros hijos no manejan aún el concepto del tiempo, una respuesta que detalle el número de horas no les ayuda. Para ellos, unos cuantos minutos parecen horas. Y en el transcurso de ese tiempo siguen estando aburridos, cansados y listos para saltar de sus asientos.

En honor a la verdad, yo no manejo bien esas preguntas persistentes. Existe un límite con respecto a la cantidad de veces que podemos soportar la misma pregunta una y otra vez, en cuestión de minutos. Añádele llantos (los suyos, por lo general) a la mezcla, y mis planes de un tiempo familiar divertido pasan a convertirse en sueños de unas vacaciones sin niños.

Afortunadamente, Dios no se ocupa de mis persistentes preguntas de «¿Cuánto falta?» con el mismo tono de frustración que yo empleo con mis niños.

Salmos 42 y 43 son unos de los más familiares en lo tocante a tratar con nuestros sentimientos. Pienso que no hay persona que no haya clamado con el salmista: *¿Cuándo acabará esto?* (Para definir «esto» piensa en experiencias como tus sentimientos de soledad, tu desesperación, tu incapacidad de hacerle frente a todo lo que la vida te va lanzando, tu dolor físico, tu tristeza, tu conflicto relacional... o lo que sea que provoque tu agotamiento incluso antes de abrir tus ojos por la mañana). Para el salmista, su «esto» es doble. Está exhausto por las circunstancias de su vida. Sin embargo, también está cansado de pedirle a Dios que intervenga y se acerque a él, y aun así se siente muy lejos de Dios y considera que no está extendiendo su brazo para ayudarlo. Las pruebas repetidas, continuas y sin fin fatigan incluso al cristiano más devoto, sobre todo cuando le pide a Dios que intervenga.

Y es en ese estado emocional que se escriben Salmos 42 y 43. El tema general de hablarle a tu alma en medio de la aflicción va desde Salmos 42 hasta Salmos 43; y debido a que la mayoría de las personas los consideran como una unidad, los analizaremos en conjunto. En los manuscritos originales estaban agrupados. Incluso usan las mismas frases en algunos puntos.

¿POR QUÉ TANTO DESÁNIMO?

Cuando tomamos estos dos salmos como una sola unidad, pueden dividirse en tres secciones. Cada una de ellas con el mismo estribillo:

> *¿Por qué voy a inquietarme?*
> *¿Por qué me voy a angustiar?*
> *En Dios pondré mi esperanza*
> *y todavía lo alabaré.*
> *¡Él es mi Salvador y mi Dios! (42:5, 11; 43:5).*

En cada sección, los sentimientos del salmista están en plena exhibición, y lo llevan a formular estas preguntas.

En Salmos 42:1-4 siente desesperación. Su impresión es que está lejos de Dios, y esto es lo peor que puede pensar. Al ver este distanciamiento con el Señor, sus enemigos lo acosan y se burlan. Es como un ciervo que brama por el agua —sediento de Dios— pero por alguna razón no es capaz de llegar hasta él en adoración. El ciervo está desesperado por el agua, porque sin ella morirá. El salmista está desesperado por Dios, porque sin él morirá.

Está triste, tanto que lo único que puede hacer es llorar de día y de noche (v. 3). Su desesperanza no solo se va haciendo mayor conforme su mente rememora cómo solía ser la vida. Los recuerdos aumentan su desesperación:

> *Recuerdo esto y me deshago en llanto:*
> *yo solía ir con la multitud,*
> *y la conducía a la casa de Dios.*
> *Entre voces de alegría y acciones de gracias*
> *hacíamos gran celebración (v. 4).*

Sabiamente, en su oración recuerda la pasada fidelidad de Dios. Se supone que esto le traerá sanidad, pero cuando rememora el pasado, más se percata de que sus circunstancias presentes son cualquier cosa menos lo que él anhela.

Por esta razón está tan agotado. Formula todas estas preguntas y no consigue alivio. Su alma habita en las profundidades

(v. 6), aunque sabe que no debería ser así (v. 5). Y esto se intensifica aún más al comprender que ha sido Dios quien lo ha sumido en este caos:

Un abismo llama a otro abismo
en el rugir de tus cascadas;
todas tus ondas y tus olas
se han precipitado sobre mí (v. 7).

Spurgeon expresó:

Como en una tromba marina, las profundidades por
encima y por debajo de él aplauden, hasta darle la
impresión de que el cielo y la tierra se habían unido
para crear una tempestad a su alrededor
(El tesoro de David, página 326).

Sé cómo él se siente.

EL DOLOR DE UN BUEN RECUERDO

Cuando llevábamos poco más de un año casados, nos entusiasmó descubrir que yo estaba encinta. Lo guardamos en secreto con gozo expectante. Aunque les informamos a unas cuantas personas, era mayormente nuestra bendición privada, de la que habíamos hablado y que habíamos planeado con esperanza.

Sin embargo, de la noche a la mañana la esperanza se desapareció. Perdí al bebé.

Durante meses, cuando contemplaba nuestras fotografías de boda o me tropezaba con cualquier recuerdo de cómo era la vida antes de ver aquellas débiles rayitas rosas en la prueba de embarazo, lloraba. Rememorar la vida anterior me producía dolor. Como el salmista, cuando pensaba en nuestra existencia antes de perder al bebé, solo podía pensar en un tiempo mejor, unos días en los que el dolor no vivía con nosotros. Traía a mi memoria días más bonitos, y lloraba. Me sentía muy, muy agotada.

¿Estás exhausta? ¿Compartes los sentimientos del salmista cuando clamas a Dios de día y de noche? Por esta razón existen los salmos. Ellos nos recuerdan que, cualesquiera que sean las causas particulares de tu lucha, no eres la única que experimentas esa fatiga. El salmista te comprende. Dios te comprende. Y lo mejor de todo, él valida tus sentimientos proporcionándote amigos familiares en salmos de este tipo.

PREGUNTAS DIFÍCILES, FUERTES SÚPLICAS

Si Salmos 42 recoge cómo el salmista trata con sus sentimientos relacionados a su estado de tristeza, Salmos 43 sube la apuesta y le suplica a Dios que actúe. El autor lucha con sus sentimientos mediante la formulación de preguntas difíciles y con fuertes súplicas.

- «¿Cuándo podré presentarme ante Dios?» (42:2).
- «¿Por qué debo andar de luto y oprimido por el enemigo?» (42:9).
- «¿Por qué me has rechazado?» (43:2).
- «Envía tu luz y tu verdad» (43:3).

¿Clamas a Dios de día y de noche, y descubres que sencillamente él no aparece? ¿Te conduce tu repetida oración desesperada a un mayor agotamiento? Así como mis hijos alcanzan el límite de la desesperación al final de un largo viaje por carretera, nosotras también experimentamos momentos en los que hacemos una y otra vez la misma pregunta, y vemos que Dios no responderá del modo en que le pedimos. Resulta extenuante ser persistentes; sin embargo, el salmista sigue perseverando con sus súplicas y preguntas.

Tú también estás invitada a formular preguntas difíciles. Sé persistente con tus peticiones a Dios. Salmos 42 y 43 nos enseñan que la sinceridad en nuestras preguntas es importante y buena. ¿Adónde más podríamos acudir con el miedo inundándonos el alma sino a Dios? Sin embargo, nos sentimos tentadas a ocuparnos de nuestro temor de muchas formas distintas. Tal vez no quieras recurrir a nadie, ni siquiera a Dios; en su lugar, prefieres reprimirte, fingir que todo va bien. Quizás quieras contarlo todo, pero con el frenesí de la rabia por tus circunstancias. Ya sea que sientas la tentación de tirar la toalla, refrenarte o encolerizarte, la diferencia entre una cristiana y la que no lo es no radica en que experimentemos o no esos periodos de cargas agotadoras, sino en que las creyentes tienen a un Dios dispuesto y deseoso de que los compartamos con él. Como escribió Spurgeon:

> *A la fe se le permite preguntarle a su Dios cuáles son*
> *las causas de su desagrado, y hasta protestar ante*
> *él y recordarle sus promesas, e inquirir por qué no*
> *parece estar cumpliéndolas. Si el Señor es en verdad*
> *nuestro refugio, cuando no hallamos abrigo, es hora de*
> *formularle la pregunta: «¿A qué se debe esto?»*
> *(El tesoro de David, página 274, de la versión en inglés).*

Sin embargo, cuando preguntamos e inquirimos —y sí, resulta agotador— es igualmente necesario que recordemos lo que sabemos, aunque eso también pueda ser extenuante, como hemos visto. Es preciso recordar lo que fue, y por consiguiente lo que será, aun cuando ahora mismo todo parezca tan lejano:

> *Espera en Dios; porque aún he de alabarle,*
> *salvación mía y Dios mío (42:5, 11; 43:5, RVR1960).*

Esto es lo que sustenta al salmista cuando no entiende lo que está sucediendo. Cuando recuerda su vida anterior y se queja, puede acudir a Dios y saber que él lo llevará un día de regreso a la adoración. Sus lágrimas pueden ser su alimento de día y de noche (v. 3), pero Dios no lo ha abandonado en ningún momento:

> *Esta es la oración al Dios de mi vida:*
> *que de día el SEÑOR mande su amor,*
> *y de noche su canto me acompañe (42:8).*

Lo reconfortante en estos salmos no es que exista una resolución rápida. No la hay. El consuelo está en ver que al recordar cómo es Dios, al formularle preguntas difíciles a su alma, y al suplicarle que actúe según su carácter, el salmista lo descubre en la oscuridad. Esto mismo es verdad en nuestro caso. Tropezarse con semejante esperanza es un ejercicio largo y difícil. Pero merece la pena.

De modo que, como la viuda persistente de la parábola de Jesús en Lucas 18:1-8, deberíamos ser tenaces en nuestras oraciones ante el Juez justo de toda la tierra; deberíamos «orar siempre, y no desmayar» (v. 1). Formula preguntas complicadas. Sigue inquiriendo. Y confía en el carácter del Señor y en su tiempo.

NO SIN ESPERANZA

Y cuando hablemos con Dios, también debemos conversar con nosotras mismas. El salmista se dirige a su propia alma en su aflicción. El constante estribillo que se repite una y otra vez es «¿Por qué te abates, oh alma mía, y te turbas dentro de mí?» (42:5, 11; 43:5). Y a ella le reitera en tres ocasiones, porque merece la pena repetirlo:

*Espera en Dios; **porque aún he de alabarle**,*
salvación mía y Dios mío (RVR1960, énfasis mío).

¿Qué sustenta al salmista? Decirse a sí mismo que tiene esperanza para el futuro. Quizá no esté alabando al Señor en ese preciso instante en compañía del pueblo de Dios, pero un día lo hará. Él conoce su identidad en el Señor, y su salvación y seguridad están a salvo. Fue creado para adorar, y adorará.

Si reflexionas en la trayectoria de los salmos, verás que es del todo lógica. Salmos 1 nos habla de la vida bendecida y su resultado: crecerás y serás sustentada por Dios. Salmos 150, el último del salterio, nos comunica la consecuencia final de toda nuestra vida: una alabanza sin fin. Y en la mitad tenemos Salmos 42 y 43, cuando no sentimos la verdad de Salmos 1 y nos parece estar bien lejos de Salmos 150, cuando estamos agotadas por las circunstancias de nuestra existencia y nuestra propia confusión.

Espera en Dios; porque aún [has] de alabarle (42:5, 11; 43:5, RVR1960).

De modo que conversa contigo misma en voz alta si eso te ayuda. Convéncete de lo que conoces que es cierto: la verdad de Dios y, por lo tanto, la verdad de ti misma y el futuro. Para el cristiano, hablar consigo mismo de esta forma no es un síntoma de locura; es una señal de madurez.

Y sigue charlando con Dios. Formúlale preguntas. Sé persistente. Sé como el niño que inquiere cada cinco minutos: «¿Ya llegamos?». Sé sincera una y otra vez. Como nuestros fatigados hijos, nos encontramos en mitad de un largo camino y no sabemos cuándo acabará, pero sí tenemos claro que terminará un día. En medio del agotamiento hay esperanza. La cargada extenuación dará paso a la gozosa adoración. Unos viajes son más largos que otros, pero todos tienen un final. Ya vendrá. Alabarás a Dios. A diferencia de los padres que se aburren de las repetidas preguntas, Dios puede lidiar con todas nuestras interrogantes, aunque sean las mismas una y otra vez.

Vengan a mí todos ustedes que están cansados y agobiados,
y yo les daré descanso (Mateo 11:28).

Salmos adicionales: 25, 56 (otro Salmo donde el escritor se hable a sí mismo).

Anotaciones

INDEFENSA
SALMOS 46

Dios es nuestro amparo y fortaleza,
nuestra ayuda segura en momentos de angustia.

Salmos 46:1

No me sé muchos salmos de memoria, pero este sí está grabado a fuego en mi cerebro. Lo he memorizado casi por completo, no porque dedicara mucho tiempo a aprendérmelo, sino por haber tenido que recordar sus verdades una y otra vez. Acuden a mi mente varios momentos específicos de mi vida cuando estas palabras llegaban hasta mí, pero una destaca en particular. Es la razón por la que existe este libro.

Como mencioné en la Introducción, los salmos se convirtieron en mi cuerda de salvamento cuando pasé semanas en una cama de hospital, en reposo, preguntándome si mi hijo y yo perderíamos la vida. Ellos me proporcionaron palabras para mi angustia y mi temor. Me consolaron en mi dolor. Me hicieron pensar en Dios, su cuidado y su poder.

Cuando recuerdo Salmos 46, lloro. Creo que esto será siempre así.

UNA PALABRA EN LA TORMENTA

Este es un salmo de confianza. Es para aquel que está del todo y por completo indefenso frente a la aterradora incertidumbre. El salmista está contrastando aquello que en su opinión es estable e inamovible (las montañas) con lo que sabemos que es firme e inconmovible (nuestro Creador y Sustentador).

Por tanto, no temeremos, aunque la tierra sea removida,
y se traspasen los montes al corazón del mar;
aunque bramen y se turben sus aguas,
y tiemblen los montes a causa de su braveza
(vv. 2-3, RVR1960).

En ocasiones se diría que todo a nuestro alrededor se viene abajo. Es como si lo que una vez creímos inalterable y estable fuera en realidad un océano que ruge, y nos está tragando. El salmista mira a su alrededor, contempla su vida, y solo ve montes que se derrumban. Por supuesto, aquí está exagerando (las montañas no se mueven de forma literal), pero también está siendo sincero. Y la estructura de este salmo sigue un patrón de honestidad verdadera con respecto a lo que está ocurriéndole a la confianza verdadera en el Dios que está por encima de todo. El salmista está usando la hipérbole para mostrar sus sentimientos, y para instarse a sí mismo a confiar en Dios en medio de las circunstancias que han provocado su indefensión.

Son imágenes gráficas. Empezamos con una declaración de confianza, algo que vamos a necesitar por lo que sucede justo después del versículo 1: «Por tanto, no temeremos, aunque la tierra sea conmovida». Es evidente que el autor está indefenso. No conocemos los detalles, pero se siente tan desprotegido como si la tierra estuviera temblando sobre sus cimientos. No hay estabilidad y no puede hacer nada para recuperar el equilibrio.

Pero Dios...

Dios está con su pueblo, aun cuando todo se esté cayendo a pedazos. Es posible que te sientas vulnerable, pero Dios no lo es. Él no está por ahí, en algún lugar; él se encuentra aquí. Está presente. Y no solo eso, sino que está «muy presente». Este es el tema del salmo: la constante presencia de Dios.

- «Dios está en medio de [su pueblo; ellos] no será[n] conmovidos» (v. 5, RVR1960).

- «El Señor Todopoderoso está con nosotros; nuestro refugio es el Dios de Jacob» (v. 7).
- «Vengan y vean los portentos del Señor» (v. 8).
- «Quédense quietos, reconozcan que yo soy Dios» (v. 10).
- «El Señor Todopoderoso está con nosotros; nuestro refugio es el Dios de Jacob» (v. 11).

La tierra ruge. Los enemigos nos rodean. Sin embargo, Dios está ahí. Y en ello confiamos. A veces, un salmo de aflicción está lleno de largas líneas de clamores al estilo de «¿Hasta cuándo, oh Señor?», y en otras ocasiones se suceden las líneas de confianza incluso cuando el suelo se derrumba bajo los pies. Ese es el caso de este salmo. Y es un consuelo cuando te encuentras en medio de circunstancias aterradoras.

DE LOS OCEANOS RUGIENTES A RÍOS QUE FLUYEN

Dado que los salmos son poesía, su autor usa el contraste para demostrarnos el cuidado sustentador de Dios.

> *Hay un río cuyas corrientes alegran la ciudad de Dios,*
> *la santa habitación del Altísimo.*
> *Dios está en ella, la ciudad no caerá;*
> *al rayar el alba Dios le brindará su ayuda.*
> *Se agitan las naciones, se tambalean los reinos;*
> *Dios deja oír su voz, y la tierra se derrumba.*
> *El Señor Todopoderoso está con nosotros;*
> *nuestro refugio es el Dios de Jacob (vv. 4-7).*

Obsérvese el contraste. En los versículos 2-3 vemos un océano rugiente que desafía la fe del salmista. Las aguas amenazan con tragarse las montañas y a él con ellas. No se puede confiar en esas aguas. No obstante, Dios es un refugio para su pueblo, de manera que lo ha vallado. ¿Cómo? Con otro cuerpo de agua. En medio de la violenta tormenta y los mares, esta imagen de un río apacigua el alma y nos recuerda que Dios está cerca y nos sustenta. Él les ha proporcionado paz a sus siervos, se podría afirmar que es como la paz que inspira un río.

No soy muy dada a pasar demasiado tiempo en cuerpos de agua (a menos que contemos la piscina en verano), de manera que mi experiencia al respecto es limitada; sin embargo, hasta a mí me resulta útil este contraste. Por supuesto, los ríos también pueden crecer y enfurecerse. Pero el salmista nos está preparando para ver el carácter de Dios mediante el contraste de un río apacible que nutre a su siervo con un océano inmenso, rugiente e impredecible, que se traga a su siervo por completo. Está el agua que proporciona vida (el río) y aquella que destruye (el océano).

No es la primera vez que los ríos señalan la provisión y la protección de Dios para su pueblo. En Ezequiel 47, el profeta recibe una visión de la nueva Jerusalén, y en medio de ella hay un río: no uno cualquiera, sino uno que da vida (Ez 47:7-10, 12). En la realidad futura prometida al pueblo de Dios no hay cuerpo de agua que destruya, sino uno que provee vida y paz para siempre. Este tema se retoma de nuevo en Apocalipsis 7:17; 21:9—22:5, donde Juan describe un río que sustentará a la ciudad de Dios —su pueblo y su creación— durante toda la eternidad. Y más aún, Dios estará en medio de ella. La oscuridad habrá desaparecido. Las lágrimas se habrán secado. Y la adoración estará en los labios de la ciudad.

Sin embargo, y con gran potencia, esto no es una mera realidad futura. También puede ser una experiencia presente. Jesús afirmó:

> *¡Si alguno tiene sed, que venga a mí y beba! De aquel que cree en mí, como dice la Escritura, brotarán ríos de agua viva*   *(Juan 7:37-38)*

Este río de agua viva es el Espíritu Santo prometido, a quien Jesús enviaría tras su muerte y su resurrección (v. 39). Por lo tanto, la presencia del Señor, que es nuestro refugio y nuestra fuerza, constituye para nosotros una realidad presente y una esperanza futura. Cuando leemos sobre este río en Salmos 46 y nos preguntamos si podríamos conocer esta clase de paz entre montes que se estremecen, Juan nos indica que no miremos más allá de Dios mismo. Él no nos ha dejado huérfanos. Ha venido a nosotros y es nuestro refugio en la tormenta. Dios mora en y con nosotros (Juan 14:18). No puede ser apartado de nosotros. Aunque todo tiemble, él es inconmovible. Cuando estás indefensa, puede haber paz. Dios te ha protegido. Te alimentará mediante el poder del Espíritu Santo a través de la Palabra. Te sustentará con su poder. Cuidará de ti proveyéndote aguas vivas en este mismo instante. Será tu refugio. Y un día, beberás de ellas para siempre.

MIRAR DESDE UN ÁNGULO DISTINTO

Los salmos están llenos de fuertes clamores de lamento a Dios. Algunos de ellos se encuentran en este libro. Y existe un lugar para quejarse a él en medio de nuestra indefensión. Sentir que tu mundo se derrumba debajo de ti es causa de clamor y de interrogantes. Es motivo para suplicar la ayuda del Único que puede liberarte. Sin embargo, en Salmos 46 hay una dulzura que aporta perspectiva y esperanza.

Una de las primeras preguntas que aprendí a formular al estudiar la Biblia fue: «Cuando ves un "por tanto", pregúntate con qué está relacionado». Y en Salmos 46 tenemos un «por tanto»:

> *Dios es nuestro amparo y fortaleza,*
> *nuestro pronto auxilio en las tribulaciones.*
> *Por tanto, no temeremos,*
> *aunque la tierra sea removida...*
>
> (vv. 1-2, RVR1960, énfasis mío)

Debido a que Dios es nuestro refugio y nuestra fuerza —porque está cerca, presente y es fuerte— tenemos un antídoto contra el temor. Este salmo es uno de gran indefensión. Todo se está cayendo abajo, pero el salmista recuerda el carácter de Dios y se siente sustentado. El «por tanto» es la bisagra de la verdad. Básicamente está afirmando: *Confiaré en el Dios que es mi refugio y por tanto no tendré miedo, a pesar de que toda la tierra se estremezca.*

Al principio señalé que este es un salmo de confianza. El autor empieza mostrándonos lo que podría conducir al temor y la indefensión (que su mundo se hace pedazos), y a continuación pasa al «por qué» de su confianza, su razón para ella. En el versículo 6 retoma este lenguaje de rabia y poderes derrocados, como vemos en el versículo 2, pero en este caso no es su seguridad la que se está destruyendo. Los que caen son los que se oponen a Dios.

> *Se agitan las naciones, se tambalean los reinos;*
> *Dios deja oír su voz, y la tierra se derrumba.*
> *El Señor Todopoderoso está con nosotros;*
> *nuestro refugio es el Dios de Jacob (vv. 6-7).*

Es casi como si les diera la vuelta a sus inseguridades de indefensión y explicara: *¿Quieres saber lo que se va a derrumbar de verdad? No será mi mundo, sino los enemigos de Dios. Puedo quedarme sin nada, pero no perder lo que necesito de verdad, porque mi Dios está en el centro de mi vida.* Así es como descubrimos la confianza cuando estamos indefensos. Dios nunca está incapacitado, como nos recuerda de nuevo el contraste en este lenguaje de derrumbe, furia, destrozo y lucha (vv. 6-9). Cuando nuestros montes se derrumban y el océano de nuestra vida ruge, los versículos 6-10 vuelven nuestra mirada hacia el Dios que no solo está con nosotros, sino que un día se ocupará hasta del último enemigo y de la más mínima circunstancia de indefensión. «Vengan y vean los portentos del Señor», alienta (v. 8). «Quédense quietos, reconozcan que yo soy Dios» (v. 10). Él ganará. Siempre vencerá. Él está aquí. Siempre estará presente. Podrías sentirte indefensa, pero él nunca lo estará. El Dios que siempre existió y que ha estado protegiendo a su pueblo a lo largo de los siglos es tu fortaleza (v. 11).

Declarar lo que es verdad sobre el poder y el cuidado de Dios no elimina las dificultades a las que nos enfrentamos. La vida es aterradora. El sufrimiento es real. De verdad somos indefensas.

De verdad somos impotentes. Con mucha frecuencia somos incapaces de cambiar nuestras circunstancias. Sin embargo, el salmista no está ignorando la realidad de este mundo. Sencillamente está trayendo a su propia memoria a Aquel que es más fuerte que cualquier cosa a la que se enfrente o a cualquier pérdida que experimente. Los mares pueden rugir, pero él conoce al que controla el viento y los océanos (Marcos 4:35-41). Los montes pueden derrumbarse, pero él es consciente de quién los creó (Génesis 1:1; Salmos 24:1).

Aunque nuestra indefensión nos lleva a menudo a lamentarnos (y esa es una respuesta buena y adecuada), no tiene por qué provocarnos desesperación o abandono. Pero Dios... Sentirte indefensa es la razón para crecer en nuestra confianza y disfrutar del poder de Dios. Salmos 46 nos enseña esto.

Dios es «nuestro pronto auxilio» en las tribulaciones. Es un ayudador que siempre está ahí cuando rondan las dificultades. Esto no elimina los problemas. No elimina la indefensión. No elimina las cosas aterradoras que tienes ante ti. Pero te brinda apoyo. Dios es tu refugio y tu fuerza. Él está contigo. Él es tu paz.

Este apunte en mi diario de la época de reposo en cama capta bien mis sentimientos sobre Salmos 46:

Como compartió ayer Jeff [uno de nuestros pastores], Dios no está lejos. No solo es una fortaleza, sino que está muy cerca. Muy presente. El salmo sigue usando su cercanía como la seguridad de nuestra esperanza en medio de las pruebas. No elimina la dificultad. Nos ancla a su presencia que nunca nos abandona. «Dios está en medio de ella. No será conmovida. Dios la ayudará al clarear la mañana» (Salmos 46:5, RVR1960). A veces, el pensamiento de un nuevo día es aterrador. La mañana se cierne amenazante, intensa e incierta. Parecería encontrarse a una eternidad cuando no puedo dormir. La mañana significa más incógnita. Más temores. Pero si Dios es nuestra ayuda muy presente en tiempos de aflicción, no tengo por qué temer al nuevo

*día. Su presencia y su ayuda estarán tan cerca como si
fuera el día anterior.*

Uno de nuestros pastores me había enviado un mensaje de texto
el día anterior con unas líneas de Salmos 46, de modo que pasé
gran parte del día siguiente leyéndolo y meditando en él. Esto
no cambió en nada el hecho de que yo estuviera atrapada en
una cama de hospital. No alteró la posibilidad de que mi hijo
(o yo) pudiera morir en cuestión de minutos. No modificó en
nada que mis otros tres hijos estuvieran asustados y sufrieran
ciertos trastornos porque ambos progenitores se hubieran mar-
chado durante un largo período de tiempo. Mis circunstancias
no se transformaron. Sin embargo, levanté la mirada. Algunos
salmos son la expresión de tus sentimientos. Te hacen sentir
algo que no percibías antes de leerlos. Este me hizo sentir confianza y esperanza, aun cuando mi indefensión me aplastaba.
Cuando los montes que te rodean amenazan con derrumbarse
en mitad de la tormenta que ruge sobre tu vida, mi oración es
que recuerdes el «por tanto». Tal vez te sientas incapaz de hallar
una base estable en tu prueba, pero Dios es firme en todo
momento. Él siempre es inconmovible. Es tu refugio. Puedes
confiar en él y cantar con el salmista: «No temeremos». Puedes
sentirte indefensa, pero jamás debes estar desesperanzada.

Salmos adicionales: 28, 54, 79, 124

Anotaciones

APESADUMBRADA
SALMOS 31

Tenme compasión, Señor, que estoy angustiado;
el dolor está acabando con mis ojos,
con mi alma, ¡con mi cuerpo!

Salmos 31:9

¡Dura cosa es el dolor! Es una experiencia que compromete todo el cuerpo. Lo afecta todo en ti, desde adentro hacia afuera. Te roba la fuerza. Se ríe de tus suspiros. Te machaca. Te abandona durante un tiempo, hasta que una frase súbita, una imagen, un olor o incluso una persona lo traen de vuelta y te quedas deshecha.

David lo sabía. Nosotras lo sabemos.

Tengo una nota en mi Biblia señalada con la fecha 4/1/11 justo al lado de este versículo. Al mirarlo de cerca, incluso se puede notar algunas manchas de lágrimas salpicadas a su alrededor. Nueve meses antes de aquel día yo había visto aquellas dos líneas rosas tan esperadas: estaba embarazada.

Y después dejé de estarlo.

Con la misma rapidez con que se manifestaron aquellas rayas, el tan deseado bebé se desvaneció, y me dejó preguntándome una y otra vez si en algún momento había estado encinta realmente. No obstante, el dolor que permaneció me recordó cada uno de los días siguientes que mi cuerpo había albergado una vez a un bebé, aunque mis brazos no lo hubieran acunado.

Allí me encontraba yo, sola en nuestro apartamento; no estaba embarazada y me daba la sensación de que nunca volvería a estarlo de nuevo.

La fecha esperada para el alumbramiento era el 2 de abril, pero yo quería que ese día pasara sin estridencias. Pensé que si fingía que no estaba en el calendario, tal vez no me produciría tanto daño. Ahora sé que eso es imposible. De modo que la víspera del día en que nuestro hijo debería haber nacido, me senté a leer los salmos. Marqué la fecha junto a estos versículos, porque Salmos 31 era mi oración a Dios. Recuerdo cómo me invadía el dolor. Durante los días que condujeron a la fecha esperada, no había tenido grandes sentimientos. Y, entonces, con las páginas de la Biblia abiertas delante de mí, el sufrimiento se desbordó. En este salmo, David está hablando de una crisis personal, de modo que usa los pronombres personales «yo», «mi», «mío» y «mí», y esto me ayudó a volver a presentarle a Dios en oración todo lo que yo sentía. Quería que el Señor volviera su oído hacia mí en medio de mi tristeza (v. 2). Quería creer que él había visto mi aflicción y mis angustias (v. 7). De repente me sentí consumida por el sufrimiento, y necesitaba que él tuviera compasión de mí (v. 9). Repasé mi año de aflicción ante Aquel que de verdad podía oír, comprender y sanar.

Aunque David usa el término «dolor» en el salmo (v. 9), no queda claro que se refiera al duelo. Estaba sucediendo toda una diversidad de cosas que podrían haberle causado angustias a David (sus enemigos, el sufrimiento físico o una hiperconsciencia de pecado que conduce al padecimiento). No obstante, el salmo es lo bastante general como para soportar el peso de cualquier tristeza que estés experimentando, incluido el luto, pero sin limitarse a él.

El diccionario define el dolor como «una profunda tristeza causada, en especial, por la muerte de alguien». Tendemos a reservar el término para nuestra respuesta a la pérdida de la vida. Sin embargo, como señala Cameron Cole, quien sufrió el dolor de la muerte de su hijo pequeño, el desconsuelo es un lastre que llevan todos los que han padecido la pérdida de un ser amado:

Todo dolor involucra pérdida. Muere una gozosa
esperanza para el futuro o un aspecto apreciado
del presente se desliza en el pasado. Y sufrimos
(thegospelcoalition.org/article/misunderstood-grief).

Casi todos nosotros cargamos con el dolor, ya sea que su causa se halle en la semana anterior o muchos años atrás. Sientes
pesadumbre por la muerte de un matrimonio, una carrera o
una amistad, así como por el fallecimiento de un ser amado.
Tu esperanza para la vida se desvanece por la muerte de un sueño o las expectativas para el futuro. Y si no has experimentado
el dolor, vive lo suficiente y sabrás lo que es. Es el resultado
horrible e inevitable de vivir en un mundo quebrantado. Algunas están atravesando un sufrimiento mucho más doloroso que
el mío, un padecimiento que parece demasiado insoportable,
que te hace sentir que nada puede aliviar tu suplicio. Espero
que Salmos 31 pueda hablarte en tu tormento.

LAS IDAS Y VENIDAS DE LA VIDA REAL

Como muchos de los salmos, este avanza y retrocede. Empieza
lleno de confianza, pasa a los lamentos, regresa a la confianza,
vuelve al clamor, y acaba con una súplica corporativa pidiendo
confianza. La naturaleza de este salmo, con sus idas y venidas,
dificulta su bosquejo, pero hace que se le pueda relacionar por
completo a nuestra experiencia de caminar en el dolor.

El sufrimiento y el dolor no son lineales. Los consejeros
hablan de cinco etapas del dolor, pero con frecuencia señalan
que uno se puede mover entre las etapas con mayor fluidez
de lo que cabría esperar. En otras palabras, puedes pasar de la
aceptación a la depresión en un instante, y a veces permanecer
allí durante largo tiempo. (Ver, por ejemplo, https://grief.com/
the-five-stages-of-grief).

Eso es lo que David está experimentando aquí.

Aunque a la mitad del salmo (v. 9) encontramos esta refe-
rencia a sus ojos consumidos por el dolor, gran parte del mismo está lleno de un monólogo que va hacia adelante y hacia
atrás, en el que le ruega a Dios alivio y confianza. Los primeros

versículos alternan entre súplicas y confianza (vv. 1-8), pero a continuación, los versículos intermedios nos proporcionan las razones de estas idas y venidas (vv. 9-13). David nos habla de su dolor, y después lo explica en mayor detalle. Luego regresa a los ruegos para pedir ayuda y confianza (vv. 14-24), y al final la confianza es el tema predominante.

SÚPLICAS SINCERAS POR UNA DIFÍCIL SITUACIÓN

David es totalmente sincero. Le ha suplicado a Dios que le dé alivio y protección. Ha rogado que lo dirija y lo guíe. Ha implorado su misericordia. Ha solicitado que lo escuche. Y nos indica por qué. Esto sucede casi al llegar a los versículos 9-10, y ya no puede contener sus emociones.

> *Tenme compasión, SEÑOR, que estoy angustiado;*
> *el dolor está acabando con mis ojos,*
> *con mi alma, ¡con mi cuerpo!*
> *La vida se me va en angustias,*
> *y los años en lamentos;*
> *la tristeza está acabando con mis fuerzas,*
> *y mis huesos se van debilitando.*

Sencillamente, es demasiado. Incluso con todos los recordatorios de la mano fuerte de protección y liberación de Dios, el peso de su tristeza lo está aplastando. Su vida y sus años han transcurrido entre «tristeza» y «suspiros», como lo indican algunas versiones. Está totalmente exhausto de tanto llorar. ¿Llevas años padeciendo bajo el peso de un dolor o estás considerando la perspectiva de los años que te quedan por delante? Aquí, en Salmos 31, encuentra a un amigo familiar: lágrimas, suspiros, gemidos y llanto forman parte de lo que significa ser humano en un mundo que nos quebranta con regularidad. Ser sincero con Dios forma parte de lo que significa sufrir bien. Escucha lo que afirma un pastor con respecto a la importancia de unas emociones sinceras en nuestro dolor:

Puedes orar con fe y disolverte en un mar de lágrimas.
David sabe que Dios lo ha librado y que volverá
a hacerlo; sin embargo, sus ojos siguen llorando y
consumiéndose. Una de las peores cosas que se le puede
decir a un hermano o hermana cristianos es que no
llore cuando está experimentando algo realmente
difícil. «Ten fe», dirá alguien, «no te dejes llevar por
las emociones». David confió en Dios y sus ojos seguían
«consumidos por el dolor». Nuestro Señor Jesús confió
en su Padre, pero lloró ante la tumba de Lázaro aun
sabiendo que lo levantaría de los muertos unos minutos
después. Podemos creer de todo corazón que Dios
resucitará a nuestros seres amados de la tumba y seguir
llorando porque se han ido.

(James Johnston, The Psalms:
Rejoice the Lord is King, Volume 1, pp. 321-322)

Sin embargo, estos versículos intermedios nos proporcionan una explicación adicional de por qué se está enfrentando David a tanto dolor. Su sinceridad prosigue. En el versículo 11 afirma que se ha convertido en un objeto de oprobio para sus adversarios (o ha sido ridiculizado por ellos), y en el versículo 13 afronta el chismorreo y las murmuraciones de todas partes. Pero en el versículo 12 vemos la causa más triste de su dolor:

Me han olvidado, como si estuviera muerto;
soy como una vasija hecha pedazos.

Como ya he señalado, el dolor es un asunto complicado. La persona que sufre es quien más necesita ser recordada y buscada por amigos que se preocupen y a quienes no les asuste el dolor... y aquí lo que está dañando a David es que está experimentando lo contrario. Se están burlando de él, chismorrean sobre él y quienes lo rodean lo han olvidado. El malestar y el sufrimiento hacen que quienes lo ven duden de Dios y sus cuidados. Esto causa que sus enemigos sean más críticos. Aleja a sus amigos. El dolor puede tener este resultado. Ellos no saben qué decir, y por ello guardan silencio. No saben qué preguntar, de modo que hablan de cosas benignas que nada tienen que ver con tu aflicción. Sin embargo, de esta forma solo hacen que te sientas más aislada. Más sola. Más olvidada. David entiende bien esos sentimientos, y si esto es así, Dios los comprende mucho mejor, porque inspiró al salmista a que escribiera estas palabras.

CONFÍA CUANDO ESTÉS EN MEDIO DEL QUEBRANTAMIENTO

Cuando el dolor nos tiene doblegadas, a menudo descubrimos que la confianza y el sufrimiento viven en la misma línea de pensamiento, igual que le ocurrió a David. Vacilamos entre la súplica «Sé tú mi roca protectora, la fortaleza de mi salvación» (v. 2) y la declaración «Eres mi roca y mi fortaleza» (v. 3).

En el ruego obtenemos la confianza. Al pedirle a Dios que sea algo para ti, descubres que él ya es aquello que le estás rogando que sea.

El grado de confianza en este salmo viene después de la sección intermedia de profunda angustia (vv. 9-13). David está afligido. Está sufriendo. ¿Y adónde acude? ¿Qué declara?

> *Pero yo, SEÑOR, en ti confío,*
> *y digo: «Tú eres mi Dios».*
> *Mi vida entera está en tus manos;*
> *líbrame de mis enemigos y perseguidores (vv. 14-15).*

«Pero» es el término que sirve de bisagra. En efecto, David está señalando: *Sí, las cosas van mal. Sí, estoy sufriendo. Sí, me siento olvidado. Pero...* La realidad que está experimentando tiene una capa más: Dios está obrando.

Son tantas las cosas que me producen dolor y tantas las que me quebrantan, pero yo confío en Dios, afirma David. Esto es fe. Es la fe que llega después de mucha sinceridad y mucha lucha con Dios. Es la fe que se produce en mitad del estremecimiento de tu mundo. Es la fe genuina y probada (1 Pedro 1:6-7).

Y es fe en la bondad soberana de Dios: «Mi vida entera está en tus manos» (Salmos 31:15). Esta es la base de la confianza de David y también de la nuestra. Dios es soberano. Nuestros días le pertenecen. Esta es la doctrina de la providencia divina. Charles Spurgeon asevera: «La providencia es una almohada blanda para las cabezas angustiadas» (*El tesoro de David*, página 237). El pastor Alistair Begg confirma que este versículo explica...

> ...*cómo podemos incluso levantarnos por la mañana. Es una expresión de confianza aun cuando no sabemos cuál será el resultado.* (*My Times Are in His Hands* [*Mis tiempos están en tus manos*] *sermón*)

Reconocer que «mi vida entera está en sus manos» no elimina nuestro dolor ni cambia nuestras circunstancias. Pero sí nos consuela en la aplastante tristeza del dolor.

En muchos sentidos, admitir esto es lo que nos conduce a un cambio en el tono del salmo. Las súplicas de David pasan de estar llenas de dolor a ser esperanzadas. Sus llantos son menos frecuentes, y su confianza empieza a ocupar el centro del escenario. Aunque vemos cómo esta empieza a crecer y a florecer en el resto del salmo, no deberíamos considerarlo como una simple fórmula para conseguir que la persona que sufre se despoje de su dolor y se llene de confianza. En su lugar, deberíamos considerar esto como el fruto de haber superado el dolor del modo correcto. Clamas a Dios con sinceridad. Le pides que haga por ti lo que promete hacer en su Palabra. Apelas a su carácter. Y a continuación esperas que la confianza crezca.

Esto podría tardar años. Después de todo, los salmos son poemas. Algunos se escriben en un momento, otros a lo largo de la vida. En una ocasión, escuché decir en un *podcast* a Mark Futato, un erudito en los Salmos, algo parecido a esto: «Los salmistas podrían haber empezado a escribir uno en noviembre y acabarlo en agosto». En ocasiones, en la agonía del dolor no se siente confianza. Sin embargo, también se puede acabar teniéndola. David nos alienta a ello. No tienes que esperar a que el dolor se vaya disipando para confiar, porque hay veces en las que nunca desaparece. No obstante, puedes descubrir que estás experimentando esta sorprendente paradoja de gozo y dolor, confianza y tristeza.

CONFÍA MIENTRAS ESPERAS

A este punto es al que David llega en este salmo. De hecho, los últimos versículos de este contienen más confianza que súplica. Y a medida que la certidumbre crece, su audiencia se expande. Muchos de los salmos acaban con un elemento corporativo como este.

> *Amen al Señor todos sus fieles;*
> *Él protege a los dignos de confianza,*
> *pero a los orgullosos les da su merecido.*
> *Cobren ánimo y ármense de valor,*
> *todos los que en el Señor esperan (vv. 23-24).*

David quiere que aprendas de él. Nunca estamos solas en nuestro sufrimiento o nuestra liberación. Y cuando Dios actúa en nuestra vida, deberíamos contárselo a todos. Cuando sufrimos, padecemos como un solo cuerpo. Cuando somos liberadas, lo somos para el cuerpo de Cristo. Como Pablo nos indica en Romanos 12:15, la vida cristiana es la de una comunidad donde nos alegramos con los que están alegres y lloramos con los que lloran. David comenta: *Miren cómo ha obrado Dios en mi vida; confíen en él. Él es digno.*

El viaje a la confianza en medio del dolor suele ser difícil y largo. No obstante, si nuestros tiempos están de verdad en sus manos, la confianza llegará. Mientras aguardan, aférrense y alcen la mirada, amigas mías. Él no las abandonará. Pronto amanecerá.

Salmos adicionales: Salmos 80, 126, 137

Anotaciones

ENVIDIOSA
SALMOS 73

En verdad, ¡cuán bueno es Dios con Israel,
con los puros de corazón!
Yo estuve a punto de caer,
y poco me faltó para que resbalara.
Sentí envidia de los arrogantes,
al ver la prosperidad de esos malvados.

Salmos 73:1-3

Las redes sociales son un lugar para compartir. Son donde publicamos los momentos supremos de la vida: los primeros pasos del bebé, el anuncio de nuestro compromiso, nuestro nuevo empleo, y hasta nuestra nueva casa. No es raro ver las buenas nuevas en la vida de alguien. De hecho, por lo general yo me gozo con ellas. Es una de las razones por las que me encantan las redes sociales. Me gusta ver cómo se desarrolla la vida de personas que conocí mientras crecía, de la universidad o incluso de mi propia iglesia.

Sin embargo, en ese momento específico no me gustó. Iba bajando con el ratón por las páginas cuando de repente me tropecé con la publicación de alguien que estaba prosperando claramente en su trabajo. Y yo conocía detalles sobre esta persona en particular. Sabía que era astuta y deshonesta, y que usaba a las personas para escalar. De modo que cuando consideraba su éxito, lo único que podía pensar era: «Esto no es justo». No se trataba de que me desagradara lo que ella tenía; ver su progreso me hacía tomar dolorosamente conciencia de las cosas de las que yo carecía. Tenía muy claro que ella había progresado mediante la falta de honradez, cuando nosotros sí nos habíamos aferrado a ella. Nos merecíamos más el éxito, pensaba.

Y no me detenía aquí.

Me atormentaba. Pensaba en todos los ámbitos en que nuestra familia era mejor. Juzgaba a esa persona. Criticaba a todos los que la felicitaban.

Y sentía envidia.

¿Qué haces cuando los impíos prosperan? ¿Te comportas como yo, dejando que la envidia y la ira te carcoman? ¿Exclamas aunque sea de forma imperceptible: «Esto no es justo»? Cuesta ver cómo alguien que se burla de Dios se casa, mientras tú luchas con tu soltería. O ves a alguien que vive en deliberada rebeldía contra su Creador construir la casa de sus sueños, mientras tú te preocupas por la filtración del tejado y el moho. O quizás estás padeciendo acoso o maltrato proveniente de alguien a quien todos parecen amar y con quien todos quieren estar, mientras tú no cuentas con una sola amiga cercana. ¿Qué haces cuando los impíos prosperan?

Pocos días después de que mis redes sociales fomentaran mi ataque de envidia, resultó que me topé con Salmos 73 y encontré a un amigo, porque su escritor, Asaf, también se vio amenazado por la envidia hacia los malvados.

Es probable que hayas oído antes los versículos de Salmos 73.

¿A quién tengo en el cielo sino a ti?
Si estoy contigo, ya nada quiero en la tierra.
Podrán desfallecer mi cuerpo y mi espíritu,
pero Dios fortalece mi corazón;
él es mi herencia eterna.

Así declara Salmos 73:25-26. Son versículos populares, ¿verdad? Están llenos de adoración, pero vienen casi al final de un salmo de gran angustia, de mucho cuestionamiento, en el que la fe de Asaf está al límite. Estos versículos son el pináculo de

Salmos 73; constituyen la gran resolución tras un período de una lucha tremenda. Es necesario que veamos primero la lucha antes de poder llegar a la adoración.

Sin embargo, para empezar, ¿quién era Asaf? Era descendiente de Leví y uno de los músicos del templo (1 Crónicas 6:39; 16:15). Se le consideraba uno de los hombres piadosos: aquellos que dirigían la alabanza ante el Señor y su pueblo con regularidad. De modo que nos resulta útil cuando nos acercamos a este salmo, donde existe una disonancia entre lo que sabemos y lo que sentimos, saber que incluso este devoto líder tuvo que lidiar con unos sentimientos que son comunes a todos nosotros.

LES ESTÁ YENDO BIEN

Asaf está luchando claramente con la prosperidad de la que disfrutan los impíos. Él ve muchas cosas cuando considera la existencia de estas personas:

- Están bien alimentadas y no padecen dolor (Salmos 73:4).
- Su vida no es tan dura como la de los demás.
- Son orgullosos y violentos, pero no sufren consecuencias adversas.
- Son flagrantes en su pecado (vv. 6-7).
- Hablan contra Dios, mienten, se burlan de él y dudan de que tenga poder alguno sobre las elecciones que ellos hacen (vv. 9-11).
- Sus riquezas siguen aumentando (v. 12).
- Utilizan a las personas y abusan de ellas sin respeto hacia Dios ni hacia cualquier otro que no sean ellos mismos, y se jactan de ello.

Al parecer, los impíos se salen con la suya. ¿Acaso no lo vemos a nuestro alrededor? A veces se diría que los cristianos lo tienen peor que los que no lo son. Aquellos que se mofan abiertamente de Dios pueden tener más dinero y menos problemas que los fieles creyentes. Y sin embargo, ¿no deberíamos saber que «Dios es bueno con Israel» (v. 1, NTV), con su pueblo? Como el salmista, vemos la grieta entre lo que la Biblia declara y lo que la vida sugiere, y luchamos con nuestros sentimientos al respecto. Las Escrituras están llenas de personas justas que sufren, mientras que los impíos prosperan. Así es la vida que nos rodea.

LA VISTA IMPULSA LOS SENTIMIENTOS

Ver todo esto conduce a Asaf a sentir, y su sentimiento es de envidia (v. 3). Él siente que sus esfuerzos por permanecer justo y puro son en vanos (v. 13). Siente indignación (vv. 4-10). Siente enojo. Siente desesperación (vv. 14-16). Esta es la verdadera lucha de una persona real. No somos emocionalmente neutrales con respecto a la injusticia. Como portadoras de la imagen de Dios, esto no es de sorprender, ya que Dios tampoco lo es, como veremos más adelante en el salmo.

Los versículos 12-14 son el punto culminante de la desesperación de Asaf:

> *Así son los impíos;*
> *sin afanarse, aumentan sus riquezas.*
> *En verdad, ¿de qué me sirve*
> *mantener mi corazón limpio*
> *y mis manos lavadas en la inocencia,*
> *si todo el día me golpean*
> *y de mañana me castigan?*

Básicamente está indicando: *Mira cuánto me estoy esforzando en seguir a Dios, mientras que los impíos ni siquiera se preocupan, y sin embargo les va mejor que a mí. ¿Para qué intentar siquiera vivir como Dios pide?* ¿En realidad «Dios es bueno [...] con los de corazón puro» (v. 1, NTV)? Aquí, confrontado con la prosperidad de los impíos, en esencia se desespera. Parecería que vivir para Dios es un esfuerzo fútil. Los impíos no son golpeados ni reprendidos, y sin embargo merecen serlo. Asaf está afligido y cada mañana recibe reproches, y no se lo merece.

Entonces llega al momento de mayor peligro. Él permite que la prosperidad de los impíos determine lo que cree sobre Dios y lo que piensa con respecto a seguirlo. Su creciente amargura significa que incluso cuando se siente culpable de su respuesta, en realidad no puede ver su error, porque su enfoque está en lo presente e inmediato: es como una bestia (vv. 21-22).

Ese es el resultado de la envidia. Lo convierte en una bestia con respecto a Dios. Lo enoja, lo convierte en un salvaje y alguien fuera de control. La verdad es que el problema más profundo del salmista no es la injusticia que ve, sino la envidia que siente. Y esta le está haciendo creer que no hay nada más, que Dios no va a ganar al final y que de nada sirve seguirlo de todo corazón. Sus pasos de fe casi han resbalado (v. 2).

¿Acaso no nos hemos visto todas en la misma situación?

Desear la justicia no es incorrecto. En realidad, es algo que le agrada a Dios. Él es un Dios de justicia y hasta la exige. Anhelar cosas buenas en esta vida no está mal. Sin embargo, desearlas en exceso —idolatrarlas— sí es perjudicial. Por lo tanto, aunque deberíamos enojarnos por la injusticia, nunca podemos excusarnos respondiendo con envidia a la elección divina de no proporcionarnos algunas cosas buenas. Cuando nos entregamos a la envidia empezamos a resbalar. Nuestra fe está en juego. De modo que necesitamos que Salmos 73 nos enseñe cómo pelear contra el sentimiento de la codicia: cómo derrotarla y dejarla atrás, y en cambio, confiar en Dios y disfrutar de él.

UNA FORMA DISTINTA DE VER LAS COSAS

¿Qué es lo que lleva a Asaf desde el versículo 13 («¿De qué me sirve mantener mi corazón limpio...?») hasta el versículo 25 («Si estoy contigo, ya nada quiero en la tierra»)? Los versículos 16-17 son el punto de inflexión del salmo:

> *Cuando traté de comprender todo esto,*
> *me resultó una carga insoportable,*
> *hasta que entré en el santuario de Dios;*
> *allí comprendí cuál será el destino de los malvados:*

¿Hasta cuándo buscarle sentido a todo esto es una tarea agotadora? Hasta que entra en el santuario de Dios. Solo allí, en la presencia divina, consigue verse a sí mismo y al impío tal como son:

En verdad, los has puesto en terreno resbaladizo,
y los empujas a su propia destrucción.
¡En un instante serán destruidos,
totalmente consumidos por el terror!
Como quien despierta de un sueño,
así, Señor, cuando tú te levantes,
desecharás su falsa apariencia (vv. 18-20).

No hay respuesta para el problema de la prosperidad de los impíos excepto acudir a Dios. Hasta que Asaf no se presenta ante Dios no gana perspectiva sobre sus circunstancias. Solo cuando aparta los ojos de aquello que ve y lo considera todo desde el prisma divino, lo percibe todo con claridad. El éxito del que ahora disfrutan los malvados es temporal. En un instante serán barridos. Sus sueños mundanos pueden haberse materializado, pero no son más que quimeras, y estas acaban.

He aquí la perspectiva de Dios: los impíos serán como la nada, y los piadosos gozarán de la presencia de Dios ahora y de su gloria para siempre. En la presencia de Dios, Asaf obtiene misericordia a pesar de su respuesta envidiosa previa hacia los impíos:

Pero yo siempre estoy contigo,
pues tú me sostienes de la mano derecha.
Me guías con tu consejo,
y más tarde me acogerás en gloria (vv. 23-24).

No hay nada que envidiarle a una persona malvada, ¿no es así? Piensa en ello: dentro de doscientos años, ¿dónde estarán los impíos? Estarán compareciendo en juicio. Sin embargo, nosotras tenemos a Dios por toda la eternidad. No carecemos de nada y nada nos faltará debido a lo que hemos recibido de él por medio de Cristo. En la tierra contamos con la presencia, el consejo, la fuerza y el amor divinos, y después, al final de nuestra vida en esta tierra, obtendremos una gozosa recepción por su parte en la gloria. Esto es lo que el salmista necesitaba ver. Tenía que dar un paso atrás y lograr la perspectiva de Dios. Era necesario que entendiera que los impíos estaban prosperando en el aquí y el ahora, y todo era muy temporal. ¿Qué son setenta años de comodidad en comparación con una eternidad de juicio? ¿Qué son setenta años de dificultades en esta tierra en comparación con la presencia de Dios guiándonos en medio de ellas y una eternidad de gloria por venir?

Esto es lo que Asaf acabó entendiendo al hallarse en el santuario de Dios. El salmo acaba con una alabanza nacida de esta nueva perspectiva.

> *Perecerán los que se alejen de ti;*
> *tú destruyes a los que te son infieles.*
> *Para mí el bien es estar cerca de Dios.*
> *He hecho del SEÑOR Soberano mi refugio*
> *para contar todas sus obras (vv. 27-28).*

La cercanía del Señor siempre es por nuestro bien. Mientras más lejos estemos de Dios, más fácil resulta olvidar que él está en el trono, que tiene propósitos eternos que no pueden verse frustrados y que somos sus hijas amadas. En ocasiones esto requiere gran lucha, como le ocurrió a Asaf, hasta llegar al lugar donde le veamos como nuestra buena porción, pero siempre es para nuestro provecho cuando lo hacemos. Asaf no pudo ganar una perspectiva correcta sobre sus circunstancias hasta que no fue al santuario, hasta que miró hacia arriba y no hacia afuera.

Es lo mismo en mi caso. La respuesta a la angustia sobre mis circunstancias y mi envidia por el confort de los demás no se encuentra nunca en las redes sociales, en la comida de consuelo, en hacer un maratón de Netflix, o en desahogarme con mi amiga o mi marido. Consumirme de envidia y enojo —por mucho que siempre acuda allí primero— no ayuda nunca. La respuesta a mi envidia siempre es acudir al Dios que es el Señor sobre mis circunstancias, que me está guiando en medio ellas, y que me llevará a la gloria más allá de los altibajos de esta vida.

Este salmo empieza y acaba con Dios. Comienza en el versículo 1 casi como si Asaf nos estuviera señalando lo que su mente sabe, pero su corazón no acaba de alcanzar: «En verdad, ¡cuán bueno es Dios con Israel, con los puros de corazón!». Y a continuación, a lo largo de todo el salmo, contemplamos una lucha: el esfuerzo de Asaf por permanecer puro de corazón frente a todo lo que le rodea. En el versículo 28 acabamos con el mismo Dios con el que se ha iniciado la composición. El Dios que prometió ser bueno con Israel es el mismo que es nuestra porción para siempre. Es el mismo Dios cuya cercanía es nuestro bien. Dios salvó a Asaf, lo sustentó y lo guardó; lo mismo sucede con nosotros. Esto es lo que le proporciona un asidero cuando ha estado resbalando, y también nos lo da a nosotras. Es lo que le produce contentamiento al salmista cuando antes se ha sentido consumido por la envida. Y es lo que nos lleva a nosotras al contentamiento también.

Sin la perspectiva de Dios solo podemos confiar en aquello que pueden ver nuestros ojos; y lo que nuestros ojos pueden ver es muchas cosas por las cuales sentir envidia. Sin embargo, cuando nos aproximamos a Dios somos capaces de ver y sentir correctamente. Entendemos que él es lo único que necesitamos y lo que más deseamos. Aun cuando nos estemos paseando por las redes sociales, podemos afirmar y disfrutar al declarar:

> *¿A quién tengo en el cielo sino a ti?*
> *Si estoy contigo, ya nada quiero en la tierra.*
> *Podrán desfallecer mi cuerpo y mi espíritu,*
> *pero Dios fortalece mi corazón;*
> *él es mi herencia eterna (vv. 25-26).*

Amén.

Salmos adicionales: 37, 92

Anotaciones

AVERGONZADA
SALMOS 51

Ten compasión de mí, oh Dios,
conforme a tu gran amor;
conforme a tu inmensa bondad,
borra mis transgresiones.

Salmos 51:1

Existe una categoría de pecado con la que nos sentimos cómodas en nuestras iglesias. Podemos denominarlo como pecado, pero no nos asusta hablar de ello. De forma casual, lo compartimos como una petición de oración. Hasta llegamos a bromear al respecto. Conocemos a otras que luchan de forma similar, y eso parece excusarnos de alguna manera.

Sin embargo, también hay otras transgresiones: aquellas de las que no se habla; las que harían que tus amigas se distanciaran de ti si lo supieran; las que harían encogerse de hombros hasta a tus enemigas. Son los pecados que no comentamos en el tiempo de oración ni con nuestras hermanas en las que más confiamos, las más sabias, aunque en realidad deberíamos hacerlo, porque necesitamos ayuda: precisamos los medios de gracia y el perdón. No obstante, nos asusta conversar sobre ellos. ¡Son sencillamente tan horribles!

El pecado, con todas sus promesas de realización al principio, te aplasta con sus secuelas.

Estás avergonzada.

Así se sentía David cuando escribió Salmos 51.

Es muy probable que estés familiarizada con los aconteci-mientos que rodearon el pecado de David con Betsabé. En 1 Samuel 11, David ve a esta mujer bañándose en su terraza, la codicia, la toma, tiene relaciones sexuales con ella, y después la envía de vuelta a su casa. Sin embargo, la historia no acaba aquí. Ella queda encinta y él, en vez de considerarlo como su oportunidad de confesar y (en la medida de lo posible) enmen-dar las cosas, ordena que maten al marido de Betsabé y se casa con ella.

El encubrimiento está completo, excepto que Dios no le permite salirse con la suya. Él envía al profeta Natán para que lo confronte en el capítulo 12. David se ve por fin atenazado por la realidad y la gravedad de su pecado. Frente a la verdad de su complot asesino, lujurioso, codicioso y mentiroso para conseguir a Betsabé y destruir a su esposo en el proceso, el rey confiesa y se quebranta hasta lo más profundo.

¿Y qué hace? Escribe este salmo. Redacta una oración que es un modelo para nosotros de la forma correcta de presentarse delante de Dios con nuestra vergüenza y culpa.

ESTE ES TU CÁNTICO

No puedes apartar Salmos 51 del pecado de David, pero su naturaleza universal nos ayuda a aplicarlo de forma más amplia. En el título del salmo, está dirigido «al director musical», indi-cando así que estaba hecho para cantarlo. Charles Spurgeon declara:

> *Por tanto, no fue escrito para meditación privada solamente, sino para el servicio público del canto. Adecuado para la soledad de la penitencia individual, este salmo incomparable se adapta también para una asamblea de los pobres de espíritu (El tesoro de David, página 377).*

No permitas que la odiosa naturaleza del pecado de David (robarle a un hombre su esposa, tener relaciones sexuales con ella, asesinar al marido e intentar taparlo) te disuada de considerar Salmos 51 como un salmo que también es para ti. Es posible que no hayas cometido todas o algunas de estas transgresiones, pero el salmista quiere que entendamos aquí algo más profundo.

El pecado es grave. Ya sea que nuestra cultura actual considere que un pecado es grande o pequeño, siempre es una ofensa contra Dios, por lo que cada transgresión es grave debido a que Dios es infinitamente santo. No hay pecado cómodo, excusable o cómico. Ninguno es lo suficientemente pequeño como para desestimarlo y achacarlo al «cansancio», a «la naturaleza humana» o incluso restarle importancia con un «tampoco es tan importante». El pecado es pecado, y debemos contemplarlo como lo hace David (y Dios). Todos nosotros deberíamos sentir la vergüenza de nuestra transgresión. Todos necesitamos que David nos enseñe cómo es confesar, ser purificado y restaurado. ¿Cantas sobre tu pecado y tu Salvador? Según David, deberías hacerlo.

Este salmo se divide en dos secciones:

1. El arrepentimiento y la súplica de perdón (vv. 1-12)
2. La renovación y la restauración de la relación
   (vv. 13-19)

En la primera mitad del salmo vemos lo que es estar verdaderamente quebrantadas por nuestro pecado, confesarlo de la forma correcta y apelar a Dios. En la segunda parte vemos lo que sucede tanto de forma personal como corporativa después de que un pecador es restaurado a una relación adecuada con Dios. Reconocemos —sentimos— nuestra vergüenza y somos perdonados. La respuesta a nuestra culpa no consiste en negarla, sino en saber qué hacer con ella.

APRENDER A CONFESAR
Sentirse avergonzada es una respuesta normal cuando nos sentimos convencidas de nuestro pecado. Es la señal de que

el Espíritu está obrando en nosotros. Por lo tanto, ¿qué hacer cuando te sientes culpable? La culpa es una fuerza poderosa que puede apartarte de Dios o arrastrarte hasta él. En Salmos 51, David ha dejado de huir de Dios y se aproxima a él. En primer lugar, apela a la misericordia divina, que es su única esperanza como pecador quebrantado y necesitado. Es necesario que consideremos el marco para la confesión de David (su fundamento y sus resultados) antes de analizar la confesión en sí, de modo que recorramos un poco el salmo antes de llegar allí. ¡Solo quédate conmigo!

> *Ten compasión de mí, oh Dios,*
> *conforme a tu gran amor;*
> *conforme a tu inmensa bondad,*
> *borra mis transgresiones (v. 1).*

Podemos pedir perdón debido a quién es Dios y lo que ha prometido. Por esta razón, David habla primero de la misericordia divina y solo después alude a su pecado en el versículo 2. Dios es santo: eso es seguro. Sin embargo, el fundamento para la apelación de David aquí se halla primero en la relación entre Dios y él. Dios lo ama. Dios tiene una relación de pacto con él, así como la había tenido con Israel, ya que lo rescató de Egipto. Dios es fiel a su pueblo del pacto. Este tema recorre todo el salmo.

Entonces, en los versículos 7 y 9, David le pide a Dios que lo limpie, porque él no solo es misericordioso, sino también el único que puede purificarlo. Y esto es lo que lo conduce a confesar su pecado. Sabe quién es Dios y lo que puede hacer. Su solicitud de la misericordia divina lleva a la petición de ser purificado por ese Dios misericordioso, que guía a una relación restaurada en los versículos 10-12. Este es el objetivo final del verdadero arrepentimiento. Recurrimos a Dios apoyándonos en su carácter (él es misericordioso, y está lleno de gracia y amor hacia sus hijos); le pedimos que haga lo que solo él puede hacer (limpiarnos de adentro hacia afuera); y a continuación le imploramos una relación restaurada (porque el pecado ha roto nuestra comunión con Dios). El arrepentimiento en sí no es el único objetivo. Siempre nos arrepentimos con la intención de tener una relación restaurada.

David tiene una clara opinión de su Dios, y también de su pecado:

> *Contra ti he pecado, solo contra ti,*
> *y he hecho lo que es malo ante tus ojos;*
> *por eso, tu sentencia es justa,*
> *y tu juicio, irreprochable.*
> *Yo sé que soy malo de nacimiento;*
> *pecador me concibió mi madre (vv. 4-5).*

David no está diciendo que sus pecados contra Betsabé y Urías fueran irrelevantes. Él utiliza una hipérbole para reconocer que su mayor pecado es su ofensa contra Dios, el pecado de la rebeldía contra las normas divinas que subyacen a todas esas horrendas transgresiones contra otros. No se trata de que lo que les hizo a estas personas no fuera tremendo, se trata de que lo que David hizo delante de Dios es incluso peor. No hallaremos libertad si no consideramos que nuestro pecado ha sido primero contra él y después contra aquellos que portan su imagen.

Con demasiada frecuencia, cuando pecamos contra alguien, estamos quebrantados por el efecto que esto tiene sobre la relación, cómo nos ven ahora o el caos que acarrea a nuestra vida. Esto nos hace pedazos, y así debe ser, pero no debería ser lo que más nos quebrante. Lo que debería hacer mella en nosotros es la gravedad de nuestro pecado contra un Dios santo y todopoderoso. Ante todo, es contra él que hemos pecado.

Cuando consideramos nuestro pecado tan solo en términos de las personas contra las que hemos pecado, no tenemos la seguridad de que en algún momento las cosas volverán a ir bien. Los seres humanos son amos terribles. La misericordia no está nunca garantizada, porque los demás, como nosotros, son pecaminosos. No siempre perdonan de buen grado o dejan pasar nuestro pecado. Ni el ser humano más perdonador puede borrar necesariamente las consecuencias relacionales de nuestro pecado. Sin embargo, en el caso de Dios, su misericordia es siempre abundante por lo que Cristo ha hecho. Ante los demás, la culpa es aplastante. Delante de Dios, proporciona esperanza.

David sabe quién es su Dios. Tiene claro cuál es su culpa y le ruega que lo purifique. En la confesión, lo único que llevamos ante un Dios santo y misericordioso son un corazón quebrantado y unas manos vacías (vv. 16-17). Dios lo hace todo. Nosotros solo recibimos. Vaciamos nuestras manos de cualquier tipo de negociación basada en cualquier buena conducta (David sabe que no tiene nada de eso aquí), y después somos capaces de recibir de Dios una relación restaurada.

Dios está lleno de gracia y es santo, misericordioso y justo. Sí, David ha pecado contra él. No obstante, conoce el carácter de Dios y apela a él basándose en ello. Esta relación depende de quién es Dios, no de quién es David, y habiendo sido él un miserable pecador, esta es una buena noticia.

NO ESTAMOS SOLAS

Podría parecernos como si Salmos 51 acabara con el versículo 12. David ha reconocido su pecado y se ha arrepentido de él, ha implorado perdón y restauración. Sin embargo, ahí no termina la cosa, porque el arrepentimiento del salmista es para un bien mayor. Al haber sido perdonado, comparte con todos las nuevas de esta gran salvación: «Abre, Señor, mis labios, y mi boca proclamará tu alabanza» (v. 15).

La alabanza es el objetivo de su restauración. Dios lo ha liberado de su pecado y lo ha restituido a la postura correcta consigo mismo. A continuación, después de hablar de la naturaleza del sacrificio correcto delante de Dios (un corazón humilde y quebrantado), David declara que Dios está preparado para recibir sus sacrificios físicos (v. 19). Primero fue necesario que admitiera su vergüenza delante de Dios, y solo entonces Dios quiso eliminar esta, restaurarlo y aceptar su adoración en alabanza.

No obstante, observa que David cambia de una expresión personal a otra corporativa en el versículo 18:

En tu buena voluntad, haz que prospere Sión;
levanta los muros de Jerusalén.

Él alude a esta perspectiva más amplia en el versículo 13, donde dice: «Así enseñaré a los transgresores tus caminos, y los pecadores se volverán a ti», pero aquí habla específicamente de Sión, el lugar donde mora el pueblo de Dios. ¿Por qué tomar un salmo tan personal —un pecado tan vergonzoso— y extenderlo a los demás? Porque el pecado no tiene que ver solo con nosotros de manera individual. Siempre produce una reacción en cadena. Lo mismo ocurre con nuestra liberación. Dios se ve santo en nuestro arrepentimiento, pero también en nuestra restauración. Por esta razón, es bueno ser francos (en la medida razonable) con respecto a nuestra vergüenza y nuestra salvación. En la iglesia, con frecuencia estamos todos ocupados fingiendo que todo va bien, o que nuestro pecado no es tan malo. Ponemos buena cara y nos limitamos a hablar de forma general, no específica ni personal, sobre el pecado. Alguien de afuera podría pensar que la salvación de la que nos gusta hablar es ligeramente innecesaria, ya que al parecer hay poco de lo que tengamos que ser salvados en realidad.

Aquí David no actúa así. Hace público su fallo y el perdón recibido. Y cuando nosotras lo hacemos así, estamos orientando a otros pecadores hacia el modo en que ellos también pueden ser restaurados. En el fondo sabemos que somos tan pecaminosas como David, aunque nos asuste admitirlo. Cuando sacamos nuestro pecado y nuestra vergüenza a la luz, se puede tratar con él y podemos recibir el perdón completo que solo Dios puede proveer. El versículo 18 nos deja claro a todos que Dios edifica a su pueblo y el pueblo aprecia profundamente su misericordia; y solo conocemos esta misericordia cuando somos francos y sinceros con él y su pueblo acerca del pecado que nos hace necesitar su compasión. Cuando entierro mi vergüenza y mantengo mi pecado en secreto, en realidad estoy pensando en mi propia reputación. Cuando lo admito y declaro la verdad inmerecida y maravillosa de que Dios quiere salvar a una desdichada como yo, estoy pensando en la reputación divina.

¿Cuáles son entonces los pecados «pequeños» que te pueden resultar fáciles de excusar o justificar? ¿Necesitas sentirte más culpable y más avergonzada con respecto a esas cosas hasta verte obligada a implorar a gritos el perdón que precisas? La sociedad, e incluso la iglesia, pueden restarle importancia a estos pecados; Dios no actúa así.

De manera alternativa (o quizás simultánea), ¿te sientes tan cargada por un pecado, tan aplastada, que te parece no ser capaz de confesarlo nunca y no te atreves siquiera a creer de verdad que eres perdonada por ello? Llévale tu culpa a Dios. Él perdona de forma abundante y completa. La culpa y la vergüenza pueden ser sustituidas por la gratitud y el gozo. El pecado es grave, y lo sabes. Sin embargo, Dios es misericordioso, y eso también lo debes tener claro.

Salmos adicionales: Salmos 39, 130

Anotaciones

_____

_____

_____

_____

_____

_____

_____

_____

_____

_____

_____

_____

_____

_____

_____

_____

_____

_____

ANGUSTIADA
SALMOS 13

¿Hasta cuándo he de estar angustiado
y he de sufrir cada día en mi corazón?
¿Hasta cuándo el enemigo me
seguirá dominando?

Salmos 13:2

Si tuvieras que preguntarle a una habitación llena de mujeres con qué luchan más, creo que muchas responderían que con la «ansiedad». Desde aquella que ha experimentado la angustia a partir de sus primeros momentos de vida hasta la que se topó con ella cuando se vio zarandeada por los grupos de amistades siempre cambiantes de niñas pequeñas, o cuando estudiaba a tope para un examen en la universidad, o cuando empezaba a navegar por un lugar de trabajo o las incertidumbres de ser padres, la angustia es una plaga para muchas de nosotras en toda una diversidad de formas.

Lo es ciertamente para mí. Tal vez —quizás de manera constante o periódica— también te suceda a ti.

A menudo, cuando hablamos de la ansiedad o la angustia, pensamos en ella como si fuera una espiral. Pierdes tu empleo, recuerdas un trauma previo, tienes una semana realmente estresante o tu amiga te traiciona; y sin apenas darte cuenta tus pensamientos se ven presa de los «y si», los «no puedo» y los «cómo podría», sintiéndote invadida por la angustia. No puedes hallar un equilibrio. Te sientes engullida por una espiral descendente, fuera de control.

Una amiga mía lo compara a un tornado: un vórtice gigante de estrés y confusión contantes, una fuerza tan poderosa que lo chupa todo a su paso y después te escupe como si fueras el caparazón retorcido e irreconocible de una persona. Para algunas de nosotras, este sentimiento se va generando poco a poco, como una potente tormenta de verano; sin embargo, para otras será algo que caiga repentinamente sobre ellas sin razón aparente y sin previo aviso. En un momento te estás cepillando los dientes y preparándote para meterte en la cama, y al instante siguiente te falta la respiración y entras en pánico por tus circunstancias o por cómo las percibes.

La ansiedad es un sentimiento horrible. En ocasiones parece imposible de vencer. Por esta razón Salmos 13 es tan adecuado para quien está angustiado. Este empieza con una letanía de preguntas que comienzan con «¿Hasta cuándo...?»:

> *¿Hasta cuándo, SEÑOR, me seguirás olvidando?*
> *¿Hasta cuándo esconderás de mí tu rostro?*
> *¿Hasta cuándo he de estar angustiado*
> *y he de sufrir cada día en mi corazón?*
> *¿Hasta cuándo el enemigo me seguirá dominando?*
> *(vv. 1-2)*

A las personas ansiosas se les suele decir que cada día tiene sus propios afanes, de manera que angustiarse por el día de mañana no servirá de mucho. Eso es verdad (Mateo 6:34). No podemos hacer gran cosa con respecto a lo hipotético. Sin embargo, lo que David está describiendo no es un temor sencillo y bastante lógico con respecto al mañana. La angustia no tiende a seguir líneas de pensamiento sensatas. ¿Qué haces cuando los problemas de mañana se mezclan con los de hoy? ¿Cómo actúas cuando las aflicciones presentes están tan intrincadamente conectadas con las de mañana, las de ayer y las de las próximas diez semanas? ¿Cómo te comportas cuando sientes esto y no pareces ser capaz de detenerlo?

Preguntas: «¿Hasta cuándo?».

A veces, como el salmista, preguntamos una y otra vez: «¿Hasta cuándo?». Y solo formulas esta pregunta cuando estás abrumada. La formulas cuando lo único que quieres es que las circunstancias o el sentimiento acaben, pero no tienes poder en ti misma para ponerles fin. En este punto es donde encontramos a David en Salmos 13. Quizás sea donde tú te hallas ahora mientras lees este capítulo.

Es importante afirmar desde el comienzo que este capítulo no tratará con el claro diagnóstico médico de ansiedad/depresión que a menudo se respalda con medicación. Si vives y amas de un modo pleno, la ansiedad te golpeará en algún momento, y es sobre eso que estamos reflexionando aquí. Estaré hablando sobre el asunto principalmente desde la perspectiva experiencial, no como practicante. Existe un tipo de ansiedad más profunda y crónica, y para quienes la sufren, la combinación de medicación y terapia, así como la comunidad y la oración, podrían ser lo más útil. Pero es mejor dejarles eso a los profesionales médicos.

En este capítulo quiero pensar en la experiencia más cotidiana de la ansiedad, y espero que este salmo pueda hablarte en medio de tu situación, por profunda que pueda ser tu angustia.

CUANDO LA VIDA SOLO TE DA MÁS PREGUNTAS

La aflicción y la angustia de David en este salmo parecen deberse a una circunstancia concreta: sus enemigos lo están dominando (v. 2). Sin embargo, el salmo va dirigido «al director musical», de modo que es para que toda la congregación de Israel lo entone. Ellos no deben verse reflejados a sí mismos en él, así como tampoco deberíamos hacerlo nosotras.

Aquí David es bastante osado en su queja. Esto nos resulta útil mientras procesamos nuestras propias protestas delante de Dios, porque a menudo somos tímidas en lo tocante a nuestras angustias, ya que pensamos que las cristianas no deberían sentirse así (y esto nos proporciona algo más de lo que angustiarnos...). ¿Cuestionas tú como David a Dios en tu angustia y aflicción, y después te sientes culpable por ello? No se nos habría proporcionado este cántico en las Escrituras de no ser adecuado para entonarlo de esta forma. Anímate, cristiana angustiada. ¡Cantemos!

David no empieza aludiendo al carácter de Dios, como lo ha hecho en otros salmos. No comienza con sus propias peticiones. Ni siquiera con la verdad. Inicia su composición con preguntas. Empieza lleno de confusión. Y se pregunta qué está sucediendo en su vida.

- Se siente olvidado (v. 1).
- Se siente como si Dios hubiera escondido su rostro de él (v. 1).
- Se siente angustiado, luchando con sus pensamientos (v. 2).
- Se siente triste (v. 2).
- Siente que ha sido tratado de manera injusta por sus enemigos (v. 2).

Toma cualquiera de estos sentimientos por separado y ya sería demasiado para lidiar con ello. Súmalos todos, y sentirás la embestida emocional que acarrean las preguntas del salmista. David acude al Dios en quien confía, pero que él cree que lo ha olvidado. Lo cuestiona, le pide que se muestre. David nos está enseñando que es bueno y correcto expresar aquello que sentimos. Dios nos invita a ser sinceras con él. ¿Cómo te sientes? Díselo a Dios. Él lo sabe, y le importa.

El pastor y autor Sinclair Ferguson le ofrece estímulo a la mujer que está cuestionando a Dios en medio de su aflicción impulsada por la ansiedad:

> *Limítate a escuchar lo que está diciendo tu alma.*
> *Aunque sientas que Dios te ha abandonado, sabes que*
> *no es así, o no seguirías dirigiéndote a él. Cuando*
> *parece que la fe se ha derrumbado es cuando está*
> *empezando a funcionar (resources.thegospelcoalition.org/*
> *library/has-god-forgotten-me, febrero 25, 2019).*

Queda una brizna de fe, hermana, en tus preguntas delante de Dios. No son una señal de infidelidad, sino de fe. Él te está protegiendo mientras atraviesas la tormenta.

HACER PETICIONES VALIENTES

Tras cuestionar con valentía a Dios, David sigue adelante con peticiones igualmente osadas.

> *Señor y Dios mío,*
> *mírame y respóndeme;*
> *ilumina mis ojos.*
> *Así no caeré en el sueño de la muerte;*
> *así no dirá mi enemigo: «Lo he vencido»;*
> *así mi adversario no se alegrará de mi caída (vv. 3-4).*

En algunas traducciones dice «considera y respóndeme» (LBLA) o «vuélvete hacia mí y contéstame» (NTV). David quería que Dios hiciera algo más que detener su aflicción: deseaba que lo escuchara de verdad. Al ser esto poesía, el salmista usa la hipérbole en el versículo 3 para mostrar lo ferviente y desesperado que está porque Dios se muestre. El Señor le ha prometido a David, como el rey obediente escogido por Dios mismo, que sus enemigos no prevalecerán sobre él (Salmos 2), de modo que aquí el autor está reclamando esa promesa.

Hubo un momento, unos nueve meses después del nacimiento de mi cuarto hijo, en el que mi cuerpo falló. Ya había pasado en cama más días de los que había imaginado en un principio, y la idea de tener que quedarme más tiempo lejos de mis hijos era más de lo que podía soportar. La avalancha de ansiedad, sumada al trastorno que esta causaba, resultaba demoledora. Tirada en el suelo, en medio de un dolor físico extremo, vi sus caritas asustadas y clamé de nuevo a Dios: «Por favor, Señor, haz que cese». Escribí esta nota en mi teléfono:

> *Necesito que Dios me sane. Y no solo se trata de una*
> *curación física para mí, sino de toda mi familia.*
> *Quiero invertir en mis hijos. Quiero pasar tiempo con*

ellos. Me echan de menos. Los extraño. Quiero que nuestra familia esté reunida para que juntos podamos enseñarles a nuestros hijos las verdades de la Palabra de Dios. Sin embargo, ahora no podemos hacerlo. Señor, responde conforme a quien tú eres. Es bueno disfrutar los unos de los otros dentro de la familia. Es bueno deleitarse en este mundo y en las personas que nos has dado. Me estás despojando de lo que me importa. Lo sé. Pero permíteme volver a emerger refinada y con las perspectivas y los motivos correctos para tu gloria y para el bien de mi familia.

En medio del dolor físico y la angustia emocional con respecto a lo que todo esto les estaba provocando a mis hijos, yo dirigía mi argumento a Dios. Estaba apelando a Dios basándome en quién él dijo que sería. Le estaba suplicando, basándome en lo que él decía que era bueno y correcto.

A veces, cuando oramos, exageramos en espiritualizar las cosas. Oramos «según la voluntad de Dios», pero nos asusta decirle realmente lo que creemos necesitar. Somos reservados en nuestras plegarias no queriendo que alguien vaya a pensar que nuestro sufrimiento nos conduce a la incredulidad. Pienso que hay un tiempo para presentar nuestras peticiones e inclinarnos en satisfecha confianza delante del Señor. Sin embargo, también hay un momento en que debemos hacerle peticiones valientes. No somos David, por supuesto; no somos el rey mesiánico. Pero somos el pueblo de Dios, buscamos vivir vidas que lo reflejen ante un mundo que observa. No es malo orar por liberación. Rogar para que Dios nos dé las cosas que según él afirma son buenas no es incorrecto. Aunque en esta vida cabe esperar el sufrimiento, y aunque Dios obra para nuestro bien por medio de nuestro padecimiento (Romanos 8:28), él es nuestro Padre y no se complace en llenarnos de angustia y dolor. Su plan para su pueblo siempre ha sido la integridad, no el resquebrajamiento.

Por consiguiente, orar por la liberación del quebrantamiento de este mundo es una oración buena y correcta que deberíamos elevar con fe. No significa necesariamente que seremos sanadas en un instante, o que lo seamos en el transcurso de esta vida. No podemos exigirlo. Sin embargo, es bueno anhelarlo y pedirlo.

CUENTA CON UNA ESPERANZA FUTURA

No obstante, también es verdad que todas debemos llegar a un cruce de caminos en nuestra ansiedad. Habrá un momento en el que las peticiones se hayan hecho y hayamos expresado todo lo que había que decir. ¿Qué queda a continuación? ¿Desesperarnos y exclamar: «¡No se puede confiar en Dios!»? ¿O quizás esperar en él de todos modos? En los versículos 5-6, David considera las circunstancias que lo rodean, alza la mirada al cielo con los ojos llenos de lágrimas, y declara en realidad lo que Pedro le replicó al Señor en Juan 6:68: «Señor [...] ¿a quién iremos? Tú tienes palabras de vida eterna». La angustia no ha abandonado aún a David. La oscuridad no se ha disipado. Sin embargo, él sabe que cualquier otra solución a su dificultad será deficiente. De modo que decide confiar y esperar en Dios, basándose en sus promesas y su carácter:

> Mas yo en tu misericordia he confiado;
> mi corazón se regocijará en tu salvación.
> Cantaré al SEÑOR,
> porque me ha colmado de bienes (vv. 5-6, LBLA).

Observa que el salmo no indica que haya sido liberado. Su corazón «se regocijará» en la salvación de Dios; eso está orientado al futuro. A menudo no existe un arreglo rápido para la ansiedad. «¿Cuándo acabará?», preguntamos a través de las lágrimas. Sin embargo, aquí David está escogiendo confiar antes de que se produzca el resultado. Está creyendo antes de ver. Esto no es teología del evangelio de la prosperidad. No es «menciónalo y reclámalo», exigiéndole a Dios que nos dé aquello que no ha prometido. Esto significa creer en lo que ya es seguro, en lo que ya se ha realizado, en lo que ya está hecho, en lo que se ha prometido. Porque sin importar cómo Dios responda nuestras oraciones y por larga que sea nuestra lucha ahora, sabemos que un día la angustia dará paso al regocijo cuando entremos en nuestra vida eterna.

Hay incontables cosas que son inciertas. Tal vez no consigamos ese empleo. Quizás no nos curemos del cáncer. Es posible que no tengamos un matrimonio feliz o que ni siquiera nos casemos. Puede ser que no volvamos a ver a ese miembro de la familia. Estas cosas no se nos han prometido. No podemos contar con ellas. Y si nos centramos tan solo en ellas, nuestra ansiedad no hará más que crecer. Por el contrario, si nos enfocamos en lo que se nos ha prometido, las incógnitas que nos inducen a la angustia empezarán a disminuir de tamaño. Jesús está preparando un lugar para nosotros (Juan 14:2). Él hará que todo obre para bien (Romanos 8:28). Tenemos una esperanza futura viva (1 Pedro 1:3-6). Todo lo malo será corregido (1 Corintios 15:24-28). Nuestra salvación está asegurada y es cierta debido a lo que Cristo llevó a cabo (Juan 10:28-30). Considera estas certezas, como hizo David, y descubrirás que existen menos causas para angustiarse por las interrogantes y más razones para regocijarse en lo que para los cristianos son los «elementos conocidos».

La angustia siempre está dispuesta a seguir nuestro rastro con «y si» y «sí, pero». No obstante, tenemos una respuesta para ello. Dale Ralph Davis habla de...

...la cordialidad inimaginable y generosa de Yahvé, con la que promete seguir nuestro rastro todos tus días [...] Mantenerse seguro de su amor infalible es lo que marca toda la diferencia (Slogging Along in the Paths of Righteousness, páginas 22-23).

La ansiedad podría estar preguntándote qué harías si las cosas más valiosas que tienes te son arrebatadas de las manos, o cómo soportarías si perdieras o no ganaras nunca aquello que más pareces necesitar. Y yo no puedo prometerte que esas cosas no sucederán. Pero nada puede quitarte la fidelidad del pacto de Dios. Deja que esta certeza crezca para eclipsar las incertidumbres de esta vida. Esto es lo que te puede salvar cuando el tornado de la ansiedad amenaza en el horizonte. Esto es lo que te anclará cuando los vientos estén bramando a tu alrededor. Dios, y no la ansiedad, «seguirá tu rastro todos tus días».

Saber esto podría no cambiar tus circunstancias. Pero sí asegura tu futuro. Y cambia cómo te sientes.

Salmos adicionales: Salmos 53, 64 (estos salmos abordan circunstancias que a menudo llevan a la ansiedad).

Anotaciones

TEMEROSA DE LA MUERTE
SALMOS 116

Por eso andaré siempre delante del Señor
en esta tierra de los vivientes.

Salmos 116:9

Pasé la mayor parte de mi vida básicamente inconsciente de la muerte y completamente inafectada por ella. No asistí a funeral alguno hasta que estuve en la universidad, e incluso entonces fue por un chico al que no conocía.

Sin embargo, todo esto cambió cuando perdimos a nuestro primer y tercer bebés, y casi también al sexto. En cuestión de momentos, la vida de mi hijo no nato —y la mía— pendieron de un hilo. Y jamás volví a ser la misma.

Ahora la muerte no parece tan lejana. Es como si estuviera demasiado cerca para sentirme cómoda. Ahora siempre soy consciente de que incluso mi siguiente aliento no está garantizado.

Desde que comprobé la fragilidad de la vida, he tenido que luchar con un montón de preguntas. ¿Cómo vivo cuando la muerte siempre está a la vuelta de la esquina? ¿Cómo hago frente a la realidad de la muerte? ¿Cómo se puede disfrutar de la vida cuando puede ser truncada en un instante?

Desde entonces, en los años siguientes, me he encontrado con personas como yo, jóvenes y ancianas, que han mirado a la muerte fijamente a la cara y después han vivido para contarlo.

He conocido a miembros de la familia que experimentaron traumas de salud con sus seres amados. En lugar de ser ellos quienes se encontraban en el umbral de la muerte, fueron los que recibieron la llamada telefónica. He estado con personas que caminaron junto a amigos que perdieron a un hijo. No enterraron a uno propio, pero sí perdieron su inocencia en aquel oscuro valle. He conocido a personas que, como yo, pasaron semanas o meses en el hospital y cambiaron para siempre con el recuerdo constante del pitido de las máquinas que les recordaba la fragilidad de su vida. Y también me he codeado con gente que, por ninguna razón aparente, se despertaron una mañana con la heladora sensación de que «Un día moriré», y ya no lograron sacudírsela de encima.

El sentimiento predominante que todas estas personas tienen en común es el temor. La muerte fue una vez una realidad distante: algo de lo que se habló como una posibilidad, pero que en realidad no se había acercado nunca. Sin embargo, una vez que se agazapa ante tu puerta, se convierte en tu adversario constante, burlándose de ti con los horrores por venir. El escritor Russ Ramsey afirma:

> *Pocas cosas eliminan el desorden de nuestros temores como enfrentarse cara a cara a nuestra propia mortalidad. Cuando esto sucede, la vida se simplifica a toda prisa (Struck, página 59).*

Es verdad. Lidiar con nuestra mortalidad tiene una forma de hacer la vida más sencilla y mostrarte lo que en verdad importa. Sin embargo, también sabe cómo paralizarte hasta el punto de no poder siquiera ocuparte de las cosas más elementales que son relevantes.

Salmos 116 le ofrece gran esperanza a quien le tema a la muerte. Este proporciona una promesa: no me indica que la muerte puede evitarse, sino que «andaré siempre delante del Señor en esta tierra de los vivientes» (v. 9), a ambos lados de la muerte. Si necesitas vivir a la luz de esta promesa, Salmo 116 es para ti.

UN SALMO DE LIBERACIÓN

Salmos 116 viene a renglón seguido de una gran liberación. Forma parte de los salmos *Hallel*, los cuales son cánticos que Israel entonaba mientras celebraba la Pascua y otras fiestas y festivales. Charles Spurgeon afirma que este salmo «debe interpretarse, en cierta medida, en relación con la salida de Egipto» (*El tesoro de David*, página 236). Por lo tanto, el mismo hace alusión a la liberación de la muerte espiritual y física.

Los israelitas sabían lo que era vivir constantemente en las proximidades de la muerte. En la Pascua, los hijos primogénitos de Israel fueron salvados (se les «pasó por alto») del ángel de la muerte por medio de la sangre de los corderos en los dinteles de sus puertas. Esta liberación debió quedar grabada en sus mentes para siempre: recordarían haber mantenido a sus hijos a salvo, aun cuando escucharon los llantos de las madres y los padres egipcios que no habían marcado sus puertas con la sangre de un cordero. Cuando horas más tarde los israelitas cruzaron el mar Rojo se les mostró una vez más que la muerte es real: caminaron por tierra seca, pero observaron cómo perecían los egipcios una vez que las aguas volvieron a cerrarse de golpe.

Cuando eres liberada, puedes quedar paralizada por el temor. Lo vemos en los versículos 1-11, mientras el salmista alterna entre alabar a Dios y recordar sus experiencias. Es como si el salmista estuviera diciendo: *Casi me muero. En mi aflicción, estuve muy cerca de caer por el precipicio. Pero tú me salvaste. Casi fallezco, y en mi angustia estuve a punto de resbalar. ¡Pero tú me salvaste! ¡Eres un Dios bueno y fiel! Sin embargo, casi fenezco...* Conozco esa oscilación desde la cima de la montaña (estoy vivo) hasta el valle (casi muero), y luego de vuelta a empezar.

¿Has experimentado esto? El recuerdo ya no puede dañarte más, pero no ha desaparecido tampoco. Al recordar, el salmista siente de qué ha sido liberado.

- «Me sorprendió la angustia del sepulcro» (v. 3).
- «Tú, Señor, me has librado de la muerte, has enjugado mis lágrimas, no me has dejado tropezar» (v. 8).
- «Me encuentro muy afligido» (v. 10).

Sin embargo, este hombre no queda a merced de sus recuerdos de lo cercana que le resultó la muerte. También puede traer a su memoria el carácter de Dios.

- Dios oye el clamor de su pueblo afligido (vv. 1-2).
- Su nombre es suficiente para invocarlo en nuestra aflicción (v. 4)
- Él está lleno de gracia, misericordia y justicia (v. 5).
- Él guarda a los sencillos y los salva (v. 6).
- Su presencia está con nosotros en la tierra de los vivientes (v. 9).

En mitad de todas las idas y venidas, el salmista recuerda que no solo es liberado, sino que puede descansar en esa liberación:

> *¡Ya puedes, alma mía, estar tranquila,*
> *que el SEÑOR ha sido bueno contigo! (v. 7)*

Estos indicadores de la liberación de Dios nos ayudan también a descansar. El sueño es difícil de conciliar después del trauma. En el minuto en que tu cuerpo empieza a relajarse al final del día, tu mente está herida por los recuerdos. Una vez en casa y a salvo, recuerdo que el reposo era lo que más necesitaba, y lo que no conseguía del todo. Mi cerebro no me permitía regresar a la normalidad, al descanso, ni siquiera al sueño. Necesitaba este versículo una y otra vez: *Ya puedes, Courtney, estar tranquila. Mira de cuánto te ha liberado ya Dios, y reposa en él.* Cuando los «lazos de la muerte» se prolongan hasta mucho después de la liberación, este versículo es una almohada blanda sobre la que recostar tu temerosa cabeza.

LA RESPUESTA DEL SALMISTA A LA LIBERACIÓN

En respuesta a todo este cuidado por parte del Señor, ¿qué haces? El salmista sabe que no puede pagarle a cambio (v. 12), por lo que actúa como todas las personas liberadas en los salmos: alaba (vv. 13-14):

¡Tan solo brindando con la copa de salvación
e invocando el nombre del SEÑOR!
¡Tan solo cumpliendo mis promesas al SEÑOR
en presencia de todo su pueblo!

Recuerda, este salmo se cantaba en la Pascua, una festividad en la que Israel recordaba la verdad de que la única forma de escapar a la muerte es mediante la sangre de otro; por lo tanto, es necesario clamar al Señor, confiar en él y abandonarnos a su misericordia. El salmista no puede devolverle nada a Dios por todos los beneficios que él le ha proporcionado, excepto vivir como si estos favores fueran verdad. Cuando sabes que has recibido tanto del Señor, esto transforma tu forma de vivir en la tierra de los vivientes.

Pero entonces llegamos a un versículo confuso en este salmo:

Mucho valor tiene a los ojos del SEÑOR
la muerte de sus fieles (v. 15).

Tras una serie de versículos que nos muestran lo grande que es la liberación de la muerte, llegamos a uno que nos señala que la muerte de un creyente es preciosa a los ojos de Dios. ¿Cómo puede hacer el salmista semejante afirmación?

Es porque la «tierra de los vivientes» (v. 9) es a la vez una tierra presente y futura. El salmista está contemplando la bondad del Señor en ella, pero puede saber igual que nosotros que verá por completo, de un modo final y para siempre, la benignidad de Dios en la tierra futura (Apocalipsis 21). Por esta razón, la muerte de los santos es preciosa a los ojos de Dios. Es la liberación que todos anhelamos, no de la muerte sino a través de la muerte. Por aterrador que fuera mi roce con la muerte, la liberación que recibí no es más que un hermoso anticipo de lo que está por venir. Un día viviré en el lugar que Jesús ha preparado para mí en la tierra eterna de los vivientes (Juan 14:2). Tú también. Salmos 116 es un extraordinario cántico de liberación para Israel, pero para aquellos que estamos en Cristo, es una canción que todos podemos entonar a pleno pulmón. Aunque muramos, viviremos (Juan 11:25).

PERMITE QUE LA REALIDAD DE LA MUERTE CAMBIE TU FORMA DE VIVIR

En los cuatro versículos finales, nuestro salmista llega a una gozosa conclusión. Será el siervo de Dios (Salmos 116:16). Presentará su sacrificio de acción de gracias (v. 17). Pagará votos al Señor en la presencia del pueblo (v. 18). Y alabará al Señor (v. 19). El salmo comienza y acaba con un compromiso de devoción a Dios para toda la vida, porque él lo había libertado. Esta liberación no lo dejó indiferente. ¿Cómo podría serlo?

Ver la muerte de cerca y vivir para hablarles a los demás sobre ello debería cambiar nuestras prioridades. Sí, es difícil vivir con el temor a la muerte pendiendo sobre ti, pero también te permite vivir para lo único que de verdad importa: el Dios que te libra de la muerte. Siento que he tenido una segunda oportunidad en la vida. Esto me permitió reorientarme de un modo increíble. Cambió mi forma de ser madre, de escribir, de considerar el éxito, de opinar sobre lo que importa, sobre cómo adoro. Quiero que mi vida sirva para algo, que no se desperdicie. Sí, mi vida puede acabar en un instante, pero hasta entonces quiero vivir como si cada momento fuera a ser el último, para la gloria del Dios que es maravillosamente soberano sobre la vida y la muerte.

Para el salmista, la liberación era como salir de Egipto. Para nosotras podría significar sobrevivir a una enfermedad, un accidente de auto o un nacimiento traumático. Sin embargo, tanto para él como para nosotras, es sobre todo pasar de la vida moral a la vida eterna. Esta es la esperanza. Mientras vivimos, servimos a Dios y lo adoramos por completo. Cuando morimos, nuestra muerte es preciosa, porque ha sido derrotado nuestro mayor obstáculo: el pecado.

Salmos 116:9 se convirtió en un versículo preciado para mí durante aquellos largos días en el hospital. «Andaré siempre delante del Señor en esta tierra de los vivientes». Quería saber —y era capaz de saberlo— que la vida podía hallarse del otro lado de aquel quirófano, en la tierra o en el cielo. La muerte parece muy definitiva. Es espantosa. Es dolorosa. Es aterradora. Sin embargo, en mis momentos de mayor temor, podía saber que Dios había sido muy generoso conmigo al ocuparse de mi mayor barrera en la vida: mi propio pecado. Yo podía tener claro que la muerte física ya no podía quitarme nunca la vida eterna que me había sido prometida en Cristo.

Todos aquellos que confiamos en Cristo hemos sido liberados de la muerte. Todos andaremos un día por la tierra de los vivientes, aunque a veces la perspectiva de llegar allí sea totalmente aterradora. Tras un roce con la muerte, todavía podríamos sentirnos abrumados, pero en última instancia podemos descansar y alabar a Aquel que nos liberta. Y por supuesto, esto no solo se aplica a aquellas de nosotras que casi hemos muerto, sino a todas las personas que han sido salvas. A la larga no escaparemos de la muerte física, pero hasta no haber cerrado los ojos en esta vida no los abriremos en la presencia del Señor, en la tierra definitiva y mejor de los vivientes. No hay nada que temer. Hemos sido salvas y deberíamos responder a Dios juntas en alabanza.

Uno de los libros que más me gusta leer con mis hijos es *Dangerous Journey*, una versión infantil de *El progreso del peregrino*, de John Bunyan. El héroe, Cristiano, experimenta la última prueba antes de llegar a las orillas del cielo, y al sentir las aguas de la muerte cubrirle hasta la cabeza, se asusta. Tiene que cruzar el río de la Muerte si quiere llegar al otro lado y alcanzar las puertas celestiales. Sin embargo, el proceso es horrible, aterrador. A medida que las aguas siguen subiendo, el libro indica:

> *Pero los problemas que experimenta un hombre al cruzar estas aguas no son la señal de que Dios lo haya abandonado. De buenas a primeras, el sol se veía a través de la bruma. Los peregrinos sintieron nuevas fuerzas en su interior, el agua se volvió menos profunda, la tierra era más firme bajo sus pies. Y así llegaron a la orilla.*

Esto nunca deja de emocionarme.

Tú y yo conocemos a Aquel que se autodenominó la resurrección y la vida. La muerte es real, pero no hay necesidad de temer. Nuestras almas podrán estar en reposo, incluso al experimentar la muerte. Caminaremos delante del Señor en la tierra de los vivientes, en esta vida y en la que ha de venir.

Salmos adicionales: Salmos 18, 30, 90, 118

Anotaciones

SUSTENTADA
SALMOS 66

Vengan ustedes, temerosos de Dios,
escuchen, que voy a contarles
todo lo que él ha hecho por mí.

Salmos 66:16

El viaje hasta llegar a este lugar había sido largo y difícil. Ella lo había perdido todo cuando pensaba que le quedaba por delante todo el resto de la vida. En un instante, había pasado de ser una esposa y madre abnegada a convertirse en una mujer despojada de todos aquellos a los que había amado. Se había rebelado, había agitado el puño contra el Dios al que una vez amó. Había deambulado. Había sido desamparada. No había logrado ver cómo obraría Dios en su favor.

Más adelante, ese Dios al que ella había rechazado en su dolor la había traído amorosamente de vuelta.

Supo lo que significaba estar sola, tener hambre, no tener hogar ni familia.

Supo lo que era estar amargada. Sin embargo, también supo lo que era ser liberada, lo que era ser sustentada.

ÉL NO TE HA ABANDONADO
En el libro de Rut, Noemí es una mujer de la que solemos hablar en términos negativos. «No seas como ella. No seas rebelde. No te amargues. No tomes el asunto en tus propias manos».

No obstante, ella también fue una mujer que pudo testificar de la obra sustentadora de Dios en su vida, aun cuando toda esperanza parecía perdida. No solo fue una mujer a la que Dios guardó, sino que fue incluida en la historia más extraordinaria de las Escrituras: el linaje del rey David, y en última instancia de Jesús el Mesías.

Noemí vivió en una época en la que «no había rey en Israel; cada uno hacía lo que le parecía mejor» (Jue 21:25). De acuerdo con ese enfoque de la vida, cuando faltó la comida, su familia abandonó la tierra de Dios y fue a Moab (subtexto: que no era territorio de Dios). Allí perdió a su marido, sus hijos y todo lo que tenía. Sin embargo, ganó a Rut (su nuera), y una vez que regresaron a Israel y se beneficiaron de la bondad de su pariente Booz, acabó consiguiendo un heredero que transmitiría el apellido de la familia.

Hacia el final del breve libro que lleva el nombre de Rut, Noemí había cerrado el círculo: «Las mujeres le decían a Noemí: «¡Alabado sea el Señor, que no te ha dejado hoy sin un redentor! [...] Este niño renovará tu vida y te sustentará en la vejez» (Rut 4:14-15). De modo que imagino que Noemí podía cantar las palabras de Salmos 66: «Vengan ustedes, temerosos de Dios, escuchen, que voy a contarles todo lo que él ha hecho por mí» (v. 16). Supongo que muchas de nosotros también.

Salmos 66 es un salmo de acción de gracias, uno que se le cantaba a Dios tras una gran liberación. Es uno de los muchos salmos de agradecimiento. El salmista habla de un rescate en el pasado y en el presente. Y a causa de todo lo que Dios ha hecho, el autor percibe algo. Se siente sustentado. Se siente llevado. Siente que está en los brazos de Dios, que él lleva la carga en su lugar.

Este salmo se divide en cinco secciones:

1. La adoración a Dios por lo que él ha hecho (vv. 1-4).
2. El poder de Dios se extiende al pasado y a toda la tierra (vv. 5-8).
3. El poder de Dios se extiende a nosotros de forma personal, sobre todo en medio del sufrimiento y la prueba (vv. 10-12).

4. El poder de Dios manifestado provoca una respuesta (vv. 13-15).
5. El poder de Dios manifestado invita a otros a aprender (vv. 16-20).

En cada sección vemos a Dios sustentando al salmista. Su poder está por todas partes. Y aunque tal vez no hayamos experimentado el mismo tipo de liberación, dado que es un salmo dirigido «al director musical», su propósito es que la totalidad del pueblo de Dios lo cante. Si estamos en Cristo, podemos afirmar con el salmista que las prodigiosas obras del Señor nos sustentan. Y en ocasiones —incluso cuando nuestras circunstancias terrenales sugieren por momentos que deberíamos sentirnos asustadas/inseguras— podemos ver un caso específico en el que Dios nos ha liberado, nos ha llevado en sus brazos, nos ha sustentado. Este salmo nos capacita para saber qué hacer con esos instantes y esos sentimientos.

TU LIBERACIÓN DEBERÍA HACERTE *SENTIR*

El tema dominante de los salmos de acción de gracias es la alabanza. Algo no va bien si cuando nuestras oraciones son contestadas, solo respondemos con un gozo apagado. Si alguien respondiera a la ayuda de Dios con indiferencia o falta de emoción, nos preguntaríamos si de verdad fueron fervientes en sus oraciones. Recuerda las palabras de los amigos de Noemí:

> *¡Alabado sea el Señor que no te ha dejado hoy sin redentor! ¡Que llegue a tener renombre en Israel! Este niño renovará tu vida y te sustentará en la vejez, porque lo ha dado a luz tu nuera, que te ama y es para ti mejor que siete hijos (Rut 4:14-15).*

El salmista expresa lo mismo.

> *¡Aclamen alegres a Dios,*
> *habitantes de toda la tierra!*

Canten salmos a su glorioso nombre;
¡ríndanle gloriosas alabanzas!
Díganle a Dios:
«¡Cuán imponentes son tus obras!
Es tan grande tu poder
que tus enemigos mismos se rinden ante ti.
Toda la tierra se postra en tu presencia,
y te cantan salmos;
cantan salmos a tu nombre». Selah

(Salmos 66:1-4)

La liberación que experimentó el salmista es tan grande que no solo invita a sus amigos a alabar, ¡sino a toda la tierra! Dios es el único Dios de las naciones y la creación. Y como muestran los versículos siguientes, su poder sobre la creación y en la historia es lo que lleva al salmista a sentirse sustentado. Él obra en cada rincón del mundo que ha creado, y todas nosotras deberíamos alabarlo por ello.

El salmista comienza con alabanza incluso antes de indicar por qué está glorificando a Dios. Es como si no pudiera contener su entusiasmo al gritar: *¡Alabado sea el Señor!* Cuando recibimos buenos dones de Dios que hemos pedido (¡o que ni siquiera hemos solicitado!), él debería ser el objeto inmediato de nuestra alabanza. Él lo hizo. Manifestó su poder. Su nombre es grande. Alabado sea el Señor. Estas palabras son las exclamaciones de quien se siente seguro, amado, de quien sabe que le importa a Dios. Y esto es lo que sentimos cuando nos damos cuenta de que Dios nos ha liberado. Nos sentimos sustentadas.

TU LIBERACIÓN Y *LA* LIBERACIÓN

Aunque el salmista no revela los detalles de su liberación, él la relaciona con otra mayor que la entendería todo Israel:

¡Vengan y vean las proezas de Dios,
sus obras portentosas en nuestro favor!
Convirtió el mar en tierra seca,

y el pueblo cruzó el río a pie.
¡Regocijémonos en él!
Con su poder gobierna eternamente;
sus ojos vigilan a las naciones.
¡Que no se levanten contra él los rebeldes! Selah

(vv. 5-7).

¿Cuándo convirtió Dios el mar en tierra seca? ¿Cuándo cruzaron ese río a pie? En Éxodo 14, cuando Israel fue liberado de Egipto atravesando el mar Rojo caminando, cuando el ejército egipcio pereció detrás de ellos. Y más adelante en Josué 3, cuando tras deambular durante cuarenta años por el desierto, Israel cruzó el río Jordán a pie, habiendo Dios detenido las aguas, y así entró en la tierra prometida.

¿Por qué se saca esto a relucir? Este es un salmo sobre cómo sustenta Dios a una persona, ¿a qué viene entonces aludir a la historia de la nación? Esto se debe a que nuestra salvación personal siempre está relacionada con el cuerpo más amplio del pueblo del pacto de Dios. Nunca somos salvos aislados de lo que Dios está haciendo de forma corporativa, y todas nuestras liberaciones específicas en esta vida deberían orientarnos de nuevo al rescate mayor de nuestra existencia. Cruzar el mar Rojo y el río Jordán formó parte de los acontecimientos históricos más extraordinarios de Israel, cuando Dios los redimió de la esclavitud y los llevó a la tierra prometida. Este fue el mayor ejemplo de cómo sustentó Dios a su pueblo en medio del peligro, las carencias y los fallos. Y cualquier otra liberación posterior a aquella tan fundamental los llevaba de nuevo a recordar y alabar a Dios por su poder sustentador.

¿No es esto cierto también en nuestro caso? Cada liberación personal es un llamado a recordar nuestro mayor rescate en Cristo. Cada vez que nos damos cuenta de que Dios ha respondido a nuestras oraciones, es una instancia para recordar su abundante fidelidad en Cristo. Él nos escucha y nos contesta debido a lo que Cristo ha hecho por nosotros. Siempre estamos conectados al rescate mayor.

ÉL NO ESTÁ LEJOS NI EN EL SUFRIMIENTO

El tema predominante es que Dios es Aquel que lo sustenta todo. Él está en la liberación, pero también en las dificultades. Israel sabía que era Dios quien los había conducido hasta verse atrapados al borde el mar Rojo, pero también fue él quien los salvó haciéndolos cruzar al otro lado (Éxodo 14:1-2, 30-31). Así fue en las vidas individuales del pueblo de Dios (Salmos 66:10-11). Como había sucedido en el caso de Noemí, el camino hasta el lugar del «respiro» fue largo y complicado (v. 12).

Sin embargo, el propósito de rememorar el sufrimiento es diferente aquí al de los salmos de lamento. En ellos se nos proporciona el relato del sufrimiento en tiempo real. En cambio, en este salmo estamos considerando en retrospectiva aquello que sucedió. Esto no le resta importancia a lo sucedido. Pero no se centra en la experiencia de la dificultad, sino de la manifestación de Dios para sustentar, liberar y restaurar. Solo del otro lado de las pruebas podía el salmista obtener una perspectiva de lo que había ocurrido.

¿No pasa lo mismo con nosotros? Resulta difícil discernir lo que Dios está haciendo en medio de todo. Cuando lo único que vemos son las cargas aplastantes, las paredes que nos rodean, los enemigos que nos cercan por todas partes, la muerte agazapada a nuestra puerta, el dolor que es demasiado grande para soportarlo, o incluso la fe que se está tambaleando, no siempre podemos ver que es Dios quien lo mantiene todo unido y que lo hace de un modo siempre bueno. No podemos, como señala Spurgeon, «seguir el rastro de su mano», aunque a veces no creo que debamos hacerlo. El salmista alaba de esta forma porque se encuentra del otro lado y ha visto los propósitos purificadores divinos en su sufrimiento (v. 10). La verdadera prueba es si salimos de todo ello alabando todavía a Dios y listas para ver lo que él ha estado haciendo en la situación y en nosotros, no que podamos discernir a la perfección los propósitos divinos en medio de todo ello.

RESPONDE E INVITA

El resto del salmo constituye una hermosa imagen de cómo es ser sustentado por el Señor. El salmista concluye la composición tal como la inicia, con una respuesta de alabanza y devoción:

> *Me presentaré en tu templo con holocaustos*
> *y cumpliré los votos que te hice,*
> *los votos de mis labios y mi boca*
> *que pronuncié en medio de mi angustia (vv. 13-14).*

Es necesario hacer una pausa aquí. Cuando todo es bueno y hemos llegado al otro lado del tiempo difícil, tendemos a felicitarnos a nosotros mismos. Nuestro matrimonio se salva, un proyecto se recupera y se logran elogios y beneficios, nuestra depresión se disipa, un ministerio que una vez fracasó de repente crece, o cesan los problemas de nuestro hijo y las presiones en la vida familiar se convierten en alegrías, entonces contemplamos nuestros horizontes claros y nos admiramos de nuestra fuerza. Quizás no lo expreses en voz alta, por supuesto —yo no lo hago—, pero sé que en mi interior he sentido la tentación de darme palmaditas en la espalda cuando he salido adelante en un momento duro. Y aunque reconocemos que Dios ha tenido parte en sustentarnos durante ese tiempo, podemos ser como los leprosos a los que Jesús sanó, que se marcharon para disfrutar de su curación sin regresar para alabarlo o dale las gracias (Lucas 17:11-19).

Este es el reto: si no respondemos con un agradecimiento incontenible a Dios por sustentarnos en la dificultad, estamos mostrando que damos el sustento divino por garantizado (como si lo mereciéramos), o que en lo más profundo de nuestro ser pensamos que nos hemos sustentado a nosotras mismas (como si lo hubiéramos hecho solas).

Y si esta es tu tentación, como me ocurre a mí, podemos hacer cosas peores que recitar en voz alta los versículos 16-19 de Salmos 66:

> *Vengan ustedes, temerosos de Dios,*
> *escuchen, que voy a contarles*
> *todo lo que él ha hecho por mí.*

Clamé a él con mi boca;
lo alabé con mi lengua.
Si en mi corazón hubiera yo abrigado maldad,
el SEÑOR no me habría escuchado;
pero Dios sí me ha escuchado,
ha atendido a la voz de mi plegaria.

La respuesta correcta al hecho de que Dios nos sustente no es maravillarnos de nuestras circunstancias recién encontradas, sino admirar a Dios y su cuidado... y hablarles de ello a los demás. Cada liberación a la que te enfrentas es un llamado a este tipo de alabanza externa que impulsa a la alabanza corporativa. Cuando Dios hace aquello que le has pedido (o lo que has dejado de pedir, ¡o incluso lo que ni siquiera has pensado nunca en solicitarle!), la respuesta correcta siempre consiste en comentárselo a todo el que quiera escuchar: «Ven y escucha lo que Dios ha hecho por mí». Tu liberación es para otros. Es para nosotras. Es para la gloria de Dios.

Por tanto, cuando vemos cómo hemos sido sustentadas, gritamos de gozo a Dios, lo alabamos y lo bendecimos. Él no nos ha abandonado. No se ha olvidado de nosotros. No nos ha fallado. Nos ha sustentado. Podemos afirmar con el salmista: él «no rechazó mi plegaria ni me negó su amor». Eres sustentada. ¡Alábalo!

Salmos adicionales: Salmos 3, 62, 91, 121

Anotaciones

ATASCADA EN MI FE
SALMOS 119

Si tu ley no fuera mi regocijo,
la aflicción habría acabado conmigo.

Salmos 119:92

El entusiasmo de los nuevos cristianos tiende a contagiarse a su alrededor: tienen celo, curiosidad, gozo y energía. Todas nosotras hemos conocido a personas que se acaban de convertir, y todo ha cambiado en su vida. Todas hemos conocido a la mujer para quien la vida ha pasado del blanco y negro a un mar de colores asombrosos. Quiere leer. Desea estudiar las Escrituras. Anhela hablarle de Dios a todo aquel que quiera escuchar. Tal vez recuerdes cuando tú eras esa mujer.

Y entonces transcurre el tiempo. Los viejos patrones de pecado emergen de nuevo. Las verdades de la Biblia ya no resaltan en las páginas. Llega el sufrimiento y es más difícil caminar según la Palabra cuando la oscuridad nubla el camino. Incluso en la iglesia, los sentimientos de adoración que ella tenía mientras cantaba se han disipado. Está atascada. Lo que una vez fue nuevo y emocionante, ahora es normal y rutinario. Y es posible que tú seas hoy esa mujer.

Aquí es donde entra Salmos 119.

Hasta los creyentes más fervientes se atascan a veces, porque la vida es difícil y este mundo está quebrantado. El celo de tus primeros días como cristiana podría ir menguando, pero

Salmos 119 pronuncia palabras de aliento para ti: no eres la primera ni la última en sentirse atascada en tu andar con el Señor.

A menudo consideramos que Salmos 119 es una composición sobre deleitarse en la Palabra, y lo es; pero la realidad para muchas de nosotras es que a veces no disfrutamos de esas escrituras que afirmamos amar. El salmista dedica mucho tiempo a pedir esa complacencia en la Palabra, que según declara es digna de admiración:

> *¡Cuánto deseo afirmar mis caminos*
> *para cumplir tus decretos! (v. 5).*

En ocasiones oramos el versículo 5 con la esperanza de que nuestro amor regrese. ¿Pero qué haces cuando eso no ocurre? ¿Qué haces cuando te quedas esperando una contestación a tu plegaria de deseo? Salmos 119 llega a la persona atascada con aquello que una vez amó —la Palabra— y después la deja permanecer allí un tiempo. En este salmo extralargo (el capítulo más extenso de la Biblia) conseguimos esperanza para cuando nos sentimos atascadas en nuestra fe, no necesariamente porque nos diga qué hacer para salir de esa rutina, sino porque nos retrotrae a lo básico, nos recuerda una y otra vez que la Palabra de Dios es buena. (Para un libro completo sobre esto, prueba, por ejemplo *His Testimonies, My Heritage,* ed. Kristie Anyabwile). El tema de este salmo es que la Palabra de Dios es para nuestro bien.

LA SANTIFICACIÓN REQUIERE TIEMPO (POR ESO ES QUE A VECES NOS QUEDAMOS ATASCADAS)

Existe un montón de versículos en Salmos 119, ciento setenta y seis para ser exactas. Y sus veintidós secciones están compuestas como un acróstico del abecedario hebreo. Refiriéndose a otro pasaje de las Escrituras que también usa el alfabeto hebreo de forma poética (el libro de Lamentaciones), el comentarista Dale Ralph Davis indica que en ocasiones se requiere todo el abecedario hebreo para tener esperanza en el sufrimiento (sermonaudio.com/sermoninfo.asp?SID?=42317195399, julio 6, 2019). Este principio se aplica también aquí. Estar bloqueada puede de pronto hacerte sentir como si llevaras toda la vida esperando o perseverando, como leer un capítulo de ciento setenta y seis versículos en la Biblia. La santificación —llegar a ser como Jesús— es enrevesada, es difícil, y exige un largo tiempo. En la Palabra de Dios el crecimiento no implica un éxito de la noche a la mañana. A veces es necesario todo el abecedario para que Dios acabe lo que empieza. Sin embargo, él lo hará (Filipenses 1:6).

Algunos salmos hallan su resolución en un puñado de versículos, pero el escritor de Salmos 119 siente el peso de la espera así como nosotras sentimos el peso de leerlo. Debió llevarle mucho tiempo escribirlo, pero a veces es necesario que transcurra tiempo para que la Palabra se convierta de nuevo en un deleite. A través de todo esto vislumbramos la convicción del salmista con respecto a que la Palabra de Dios es preciosa para él, de manera que persiste. Permanece constante en su tesón por escribir, esperar, perseverar, porque está seguro de que no hay otra solución para como él se siente.

Este mensaje —que Dios actúa, aunque con frecuencia tenemos que esperar— es un aviso que vemos a lo largo de todas las Escrituras. Aquí tenemos un ejemplo:

> *La visión se realizará en el tiempo señalado;*
> *marcha hacia su cumplimiento, y no dejará de*
> *cumplirse.*
> *Aunque parezca tardar, espérala;*
> *porque sin falta vendrá (Habacuc 2:3).*

Habacuc esperaba una Palabra del Señor, a que Dios actuara en las vidas de su pueblo rebelde y juzgara a sus enemigos. Y el profeta manifiesta confianza. Sabe que Dios obrará; hablará a través de su Palabra y efectuará un cambio.

Lo mismo sucede con nosotras. Dios hará su obra. Nos «desatascará». El crecimiento se producirá en el creyente, y quedarte bloqueada no será el marcador que te defina, aunque puede requerir tiempo. Sin embargo, ¿cómo *sabemos* que Dios nos cambiará? ¿Cómo podemos estar seguras? Porque Jesús no abandona al pueblo que compró con su sangre para que se las componga solo. Él nos dio al Espíritu Santo, y si el Espíritu Santo vive en ti y estás por lo tanto unida a Cristo mediante su obra acabada en la cruz, puedes confiar en que está obrando hoy en ti aunque no lo detectes. Jesús acabará lo que empezó en nosotros. Nuestra santificación es cosa hecha.

¿Y si no la puedes ver? En esto tenemos que apoyarnos en nuestra comunidad de la iglesia. Quizá no podamos ver cómo obra la Palabra en nosotros, pero por esta razón Dios nos ha dado una congregación de hermanos creyentes: para ayudarnos a ver cómo está trabajando él en nosotras aun cuando nos sintamos atascadas. A lo largo del Nuevo Testamento vemos ejemplos de los apóstoles Pablo y Pedro y otros escritores identificando las pruebas de la gracia divina en la vida de aquellos a los que les escriben. Solo piensa por un momento en la iglesia corintia. No parecían tener mucho por lo cual elogiarlos. Condonaban la inmoralidad, hacían mal uso de la Santa Cena, estaban divididos y escogían bandos. Parecían bastante bloqueados. Sin embargo, Pablo inició la carta que les dirigió con alabanza y acción de gracias por la obra de Cristo en sus vidas (1 Corintios 1:4-9). Parte de lo que significa vivir en comunidad con otros creyentes es animarse unos a otros a alcanzar mayor santidad, y a veces lo hacemos reconociendo formas en las que otros ya están creciendo a la imagen de Jesús. No obstante, también lo hacemos indicándoles cómo puede proseguir ese crecimiento (¡como hace Pablo en los quince capítulos y medio más de 1 Corintios!). Por lo tanto, si te sientes atascada y como el salmista quieres que la Palabra sea tu deleite y tenga un efecto transformador, pídele a una amiga cristiana de confianza (o a tu esposo) que te muestre cómo esto ya es un hecho en tu vida. Permite que otra persona sea tus ojos y vea esta obra en ti.

LA PALABRA ES LO QUE NECESITAS DE VERDAD

Sin embargo, esto nos conduce a la siguiente pregunta. ¿Cómo se produce el lento proceso de la santificación?

Cuando yo era niña, mi padre me hacía leer Salmos 119 y circular cada vez que se mencionaba la Palabra de Dios. ¿Su propósito? Mostrarme la importancia de la Palabra sumergiéndome en ella. Casi cada versículo menciona una variante de la Palabra: instrucción, ley o verdad. Este es un salmo sobre el impacto de largo alcance de la Palabra de Dios en la vida del creyente. Salmos 119 nos muestra que la forma de desbloquearnos es mediante la obra de las Escrituras en nuestra vida. Independientemente de nuestras circunstancias, nuestros sentimientos, o la etapa de crecimiento en la que nos encontremos, necesitamos la Palabra. Es así de sencillo.

¿Por qué necesitamos esta Palabra? Consideremos dos imágenes de ella en Salmos 119.

Tu palabra es una lámpara a mis pies;
es una luz en mi sendero (v. 105).

Este es un versículo muy conocido en un salmo muy conocido. Contemplado en su contexto cultural se vuelve más precioso aún. En aquel tiempo, una lámpara era lo único que había para alumbrar el camino en la oscuridad de la noche. No había electricidad ni linterna en el celular. De modo que comparar la Palabra de Dios con una lámpara que arroja luz en tu sendero en medio de las tinieblas es mostrarnos el valor incomparable que ella tiene para nuestra vida cotidiana. Sin ella no puedes ver nada. Sin ella todo está en completa oscuridad, sin que se pueda discernir cómo avanzar. Sin embargo, con ella eres capaz de ver. Con ella sabes en qué dirección te mueves, y puedes crecer.

De vez en cuando la vida puede resultar desconcertante. Aunque viva con luz física a mi alrededor, ha habido ocasiones en mi vida en las que he sentido una oscuridad lúgubre en mi alma. En esos momentos, no sé en quién confiar. No sé cómo entender mis circunstancias. No sé cómo avanzar. No obstante, de algún modo, la Palabra me proporciona luz. Me recuerda cuál es el resultado seguro para este mundo quebrantado. Me provee una perspectiva correcta. Y es una lámpara a mis pies.

Solo cuando la Palabra alumbra tu senda puedes afirmar con el salmista: «Me hizo bien haber sido afligido, porque así llegué a conocer tus decretos» (v. 71). Esto es la Palabra efectuando su obra, arrojando luz en el camino aun en las tinieblas.

> *¡Cuán dulces son a mi paladar tus palabras!*
> *¡Son más dulces que la miel a mi boca! (v. 103).*

Me encanta una buena comida con mis amigas. Me gusta la dulzura del helado, la riqueza de la pasta y las especias del Tex-Mex (mi plato favorito). Sin embargo, lo que más me gusta es disfrutar de todo esto con las demás. Amo saborear los alimentos y a continuación hablar de lo gratificante que resulta una experiencia como esta. Meditar de día y de noche en la Palabra de Dios es una práctica similar, pero mejor. Y no solo se trata de que la Palabra sea espiritualmente nutritiva, sino de que es espiritualmente dulce. El salmista ha percibido lo que las Escrituras hacen en el alma de la persona —cómo aumentan su deseo de más— y exclama al respecto para todo el que quiera escuchar. Así como una buena comida nos lleva a recomendársela a otros, el dulce banquete de la Palabra de Dios hace que invitemos a todos a venir, probar y ver la dulzura de la Palabra, y eso a su vez aumenta tu propio disfrute de ella.

En casi cada estrofa, el salmista expone su argumento de que la Palabra es lo que necesitamos con el fin de crecer, de no quedar bloqueada. Ella alumbra tu senda en la oscuridad. Es mejor que la mejor de las comidas con las amigas. Lo es todo.

TÚ NO PUEDES HACERLO, PERO DIOS SÍ

El salmo empieza con una promesa:

> *Dichosos los que van por caminos perfectos,*
> *los que andan conforme a la ley del Señor.*
> *Dichosos los que guardan sus estatutos*
> *y de todo corazón lo buscan (vv. 1-2).*

Y acaba (casi) con una súplica:

Que llegue mi clamor a tu presencia;
dame entendimiento, SEÑOR, conforme a tu palabra.
Que llegue a tu presencia mi súplica;
líbrame, conforme a tu promesa (vv. 169-170).

No obstante, antes de que el salmista acabe, llega la realidad. Después de todas estas oraciones, cabría esperar una resolución triunfante, pero...

Cual oveja perdida me he extraviado;
ven en busca de tu siervo,
porque no he olvidado tus mandamientos (v. 176).

¡El final no es particularmente esperanzador! Se ha perdido después de pasarse ciento setenta y seis versículos declarando que no quiere extraviarse. ¿Acaso no es así la vida? ¿No es el proceso de crecer en santidad? Progresas para volver a caer. Matas un pecado particular y te encuentras con otro nuevo. De ahí que nos sintamos espiritualmente atascadas. Si Salmos 119 parece como una larga escalada, esto se debe a que la vida cristiana es así. Luchamos cuesta arriba, pero exige un duro esfuerzo llegar a la cima; sin embargo, alcanzarla merece la pena.

Y cuando nos disponemos a trabajar, descubrimos que Dios está manos a la obra (Filipenses 2:12-13). Observa quién es el «buscador» cuando acaba este salmo (Salmos 119:176). Es Dios. Al final, el salmista entiende que la única forma de salir del bloqueo es que Dios lo busque. Y él lo hace. Busca a su oveja perdida. Nos lleva de vuelta a la senda correcta. Sigue produciendo crecimiento en nosotros. Conforme leemos la Palabra y clamamos a Dios para tener más deseo, podemos descansar en el conocimiento de que él se acercará a nosotros aún más. Nos llevará por todo el camino hasta la gloria. Si tuviéramos que llevarlo todo sobre nuestros hombros, nos sentiríamos indefensas y agotadas. Sin embargo, cuando sabemos que Dios nos está buscando, nos hace crecer y nos protege, podemos tener la fuerza y la confianza para esforzarnos por avanzar y seguir volviendo a él en su Palabra.

EL LUGAR DONDE EMPEZAR, EL LUGAR DONDE PERMANECER

Nuestro cántico familiar es el popular himno «Él me sostendrá», y no puedo evitar entonarlo cuando leo la parte final de Salmo 119: «Mi alma siempre guardará; su promesa es fiel». El mensaje de esta composición para los cristianos atascados en su fe es que se mantengan en la Palabra o que regresen a ella. La Palabra obrará en ti y te hará crecer. Podrías conocer a un cristiano que permanece en la Palabra y sigue sintiéndose bloqueado; pero jamás sabrás de uno que esté creciendo bien sin leer la Palabra. Ella es el lugar por donde empezar y donde permanecer, aunque tome un tiempo desatascarse. La Palabra es lámpara a tus pies. Y tus pies irán avanzando poco a poco por el camino. Ya no estás bloqueada. Te diriges a casa, a Dios, alumbrada por su Palabra. Porque él siempre acaba lo que comienza y hoy está obrando en ti.

Salmo adicional: Salmos 19

Anotaciones

_____
_____
_____
_____
_____
_____
_____
_____
_____
_____
_____
_____
_____
_____
_____
_____
_____
_____
_____

SATISFECHA
SALMOS 131

Señor, mi corazón no es orgulloso,
ni son altivos mis ojos;
no busco grandezas desmedidas,
ni proezas que excedan a mis fuerzas.

Salmos 131:1

Durante los últimos años, mi frase ha sido «permanecer en mi carril». Probablemente estés familiarizada con la importancia de permanecer en tu vereda o en el camino real. Los indicadores de límites tienen este propósito. Están hechos para tu bien y el de la sociedad. Sin embargo, por el camino hay muchas cosas que pueden llevarnos a desviarnos de nuestra vereda, y la más notable es nuestra tendencia a distraernos. Tengo este mismo problema en el carril llamado «mi vida».

Voy desplazándome por el proverbial camino de mi propia vida, veo una historia de interés humano en las noticias y me siento obligada a responder (o a encontrar una solución al problema que se está resaltando). Me distraigo. Y lo siguiente que sé es que estoy ralentizando el tráfico de mi carril y a punto de causar un accidente. O salto a las redes sociales, veo una nueva polémica, y me siento impulsada a responder, pero no es mi carril. Veo a una mamá haciendo algo por sus hijos que al parecer yo no hago por los míos, y me siento derrotada, pero no es mi carril. Tengo que traer a mi memoria con regularidad cuáles son las cosas específicas en las que Dios me ha llamado a enfocarme y las otras cosas que no. De muchas maneras, esto es la clave de mi satisfacción: no buscar «grandezas desmedidas, ni proezas que excedan a mis fuerzas». El quid del contentamiento es saber que no soy Dios, y que no puedo involucrarme en cosas que se salen de mi cometido, de mi carril. Eso no acabará bien. ¿Te sientes identificada?

Como opina Charles Spurgeon, Salmos 131 es «uno de los salmos más cortos para leer, pero uno de los más largos para aprender» (*El tesoro de David*, página 404). Se trata de un salmo hermosamente breve sobre hallar contentamiento solo en Dios mediante la permanencia en tu propio carril. No obstante, es incluso más que esto. Cuando levantamos la mirada y la apartamos de lo que nos puede consumir (y nos saca de nuestro carril), vemos un sendero hacia la verdad y no hacia la comparación, hacia el agradecimiento y no hacia los celos. Aprendemos a tener contentamiento.

El viaje hacia la satisfacción o el contentamiento requiere toda una vida, pero podemos iniciarlo ahora y seguir la senda de David para llegar allí.

LA CLAVE PARA EL CONTENTAMIENTO
El salmo comienza con...

> SEÑOR, *mi corazón no es orgulloso,*
> *ni son altivos mis ojos;*
> *no busco grandezas desmedidas,*
> *ni proezas que excedan a mis fuerzas (v. 1).*

Al principio, David afirma básicamente que la forma de estar satisfecho es no sentirse orgulloso ni celoso. Este salmo habla de renunciar a la autosuficiencia, el autoenfoque y la autoadoración, y a cambiarlo todo por una visión adecuada de nosotras mismas a la luz de la misericordiosa provisión de Dios. Un corazón orgulloso y arrogante no estará satisfecho con lo que Dios le ha dado. Una mujer de ojos altivos estará mirando constantemente a su alrededor, con desdén y superioridad, y considerará que lo que tiene (o no) obedece a su valor. Por ello, Proverbios nos explica que los ojos altivos son unas de las cosas que Dios odia (Proverbios 6:17). Un corazón orgulloso y unos ojos altivos están tan nublados por el autoenfoque que no pueden ver a Dios de la forma correcta ni desearlo de verdad.

El corazón y los ojos son la fuente de gran parte de nuestro descontento, y por lo tanto es por ahí que empezamos a luchar en busca del contentamiento. David afirma que su corazón no es orgulloso, y esto significa que «no es soberbio en su propia opinión, desdeñoso con los demás ni farisaico delante del Señor» (*El Tesoro de David*, página 404). Él se ve a sí mismo en una correcta relación con Dios y los demás. Ocuparse de su corazón lo ayuda a controlar sus ojos. Estos no son «ojos altivos» (v. 1): no están enfocados en cosas externas a su control; y como resultado, sus ojos no miran a su alrededor para ver lo que otros tienen, impulsando así pensamientos de que él se lo merece más.

Tan solo piensa en lo que sucede cuando tus ojos son demasiado altivos. Cuando ves a tu amiga comentar la remodelación de su nueva cocina en Instagram, ¿cómo responde tu corazón? Cuando tu vecina se compra un auto nuevo, ¿suscita el orgullo en tu corazón sobre todo lo que mereces más que ella? Cuando ves que alguien tiene mejores vacaciones (o sencillamente vacaciones), o la sortija de compromiso, o el tercer embarazo, ¿apuntan tus ojos hacia el descontento? Aquí, David nos está indicando que la clave para luchar con esto es ocuparnos de nuestro corazón y nuestros ojos del modo adecuado. No deberíamos permitir que el orgullo nos haga pensar que somos merecedoras de más de lo que Dios nos ha proporcionado en su gracia, y no deberíamos permitir que nuestros ojos se fijaran más en lo que otros disfrutan que en su clemente provisión para nosotros.

Si nuestro corazón no es soberbio, no nos sentiremos tentadas a la envidia por lo que otros tienen y nosotros no. No obstante, si creemos que merecemos más, la envidia no tardará en producirse. Aquí es donde entra en juego la segunda mitad del versículo, donde David afirma que no busca cosas que «excedan» sus fuerzas. Él permanece en su carril.

Esto es con lo que luchaba el apóstol Pedro. Cuando Jesús lo perdonó y le hizo su encargo, explicó que el camino de este apóstol implicaba morir de un modo que este nunca habría escogido (Juan 21:15-24). En lugar de quedarse en su carril, Pedro se volvió hacia Juan, lo miró y le preguntó a su Señor: «¿Y este, qué?». Según parecía, Juan tendría una larga vida. Pedro había recibido sentencia de muerte. ¿Y cómo responde Jesús a la pregunta de Pedro con respecto a Juan? Básicamente replica: *Ocúpate de tus asuntos. Limítate a seguirme.* Jesús no le proporciona una respuesta directa en cuanto a lo que le sucederá a Juan, porque es algo que supera al entendimiento de Pedro. Se está metiendo en cosas demasiado altas y que exceden su mente finita. Él tiene que enfocarse en su propio carril y su propia obra que le había sido encomendada por Jesús.

Esta forma de progresar en el contentamiento implica ser como David, no como Pedro. Lo que el salmista nos aconseja es que sepamos cuál es nuestro lugar en el reino. Que permanezcamos en nuestro carril. Que no seamos orgullosas esperando y dando por sentado que merecemos más de lo que Dios nos ha dado por gracia. No sientas envidia viendo lo que otros tienen ni penes por tenerlo. En su lugar, mantente en tu carril. La senda al contentamiento incluye que nos ocupemos de nuestros asuntos, pero también incluye confiar en que Dios sabe más que nosotras en lo tocante a cómo funciona nuestra vida. Él sabe lo que está haciendo, y sus planes son demasiado grandes o impresionantes para que nuestras mentes finitas los entiendan. Tal vez necesitemos memorizar Romanos 11:33-36 y recitarlo cada mañana:

> ¡Qué profundas son las riquezas
> de la sabiduría y del conocimiento de Dios!
> ¡Qué indescifrables sus juicios
> e impenetrables sus caminos!
> «¿Quién ha conocido la mente del Señor,
> o quién ha sido su consejero?»

«¿Quién le ha dado primero a Dios,
para que luego Dios le pague?»
Porque todas las cosas proceden de él,
y existen por él y para él.
¡A él sea la gloria por siempre! Amén.

ALCANZAR EL CONTENTAMIENTO

Hemos visto cómo alcanzar el contentamiento básico en la vida cotidiana: centrándonos en lo que Dios nos ha dado y no en exigir o penar por más. Sin embargo, ahora David nos indica cómo es posible que permanezcamos satisfechas aun cuando las buenas dádivas y la provisión de Dios parecen ausentes, incluso en los momentos de gran sufrimiento y dolor.

En cambio, me he calmado y aquietado,
como un niño destetado que ya no llora por la leche de
su madre.
Sí, tal como un niño destetado es mi alma en mi
interior (Salmos 131:2, NTV).

Este versículo se establece como contraste directo con el anterior, donde David afirma básicamente que él se ocupa de sus propios asuntos. El salmista no se preocupa por cosas que están más allá de su control. En vez de tenerse en alta estima, se compara con un niño destetado, un niño satisfecho.

Para comprender su idea, es necesario que nos detengamos a considerar cómo era un niño destetado en la época de David. En nuestra cultura tendemos a pensar que se trataba de un bebé pequeño, pero no es así en el contexto davídico. De hecho, muchos niños no eran destetados hasta casi los tres años, y esto cambia nuestra interpretación de cómo es un alma que deja de ser amamantada. El escritor Jon Bloom lo explica de esta forma:

En las culturas del Oriente Próximo, los niños no eran
destetados hasta que no tenían al menos tres años, y a

*veces más. A esas alturas, las capacidades cognitivas
y verbales infantiles [están] por lo general bastante
desarrolladas. Esto significa que la transición del
consuelo familiar y la alimentación del pecho de una
madre habría sido psicológica y emocionalmente más
difícil que para un niño pequeño. Podemos imaginar
las lágrimas de un niño de tres años, y el enojo, la
insistencia, las quejas, las súplicas y los repetidos
intentos físicos de volver a lactar, solo para que la
persona que hasta ese momento había sido la fuente de
tan íntimo consuelo y alimento se lo niegue. ¿Por qué no
querría mamá seguir amamantándome? (deringgod.org/
articles/child-like-humility-produces-peace).*

Uno de mis hijos luchó de verdad para dejar de lactar. Cuando se aproximaba su primer cumpleaños, supe que destetarlo era algo inevitable y necesario. Yo lo precisaba. Nuestra familia también. Y aunque mi hijo no quería, él también lo necesitaba.

De modo que iniciamos el proceso. Poco a poco fui espaciando más las tomas. Cada vez que me saltaba una, él lloraba. Hay un momento en especial que no se me borra de la mente, y es el ejemplo supremo de lo duro que fue para él el destete. Con un año de edad solo sabía unas pocas palabras, pero podía decir «mamá». Y cuando mi esposo lo bajaba al piso inferior, tendía sus bracitos buscándome y llorando: «¡Mamá! ¡Mamá!». Lo que él no sabía era que había leche esperándolo allí abajo, y no solo leche sino un maravilloso desayuno. No moriría de hambre. Pero su pequeño cerebro no comprendía eso. Quería la comodidad. La necesitaba.

Salmos 131 nos proporciona la imagen opuesta. En lugar de clamar por la leche, vemos una imagen de confianza, hasta de contentamiento. Cuando David quiere transmitir una imagen de reposo y calma resueltos, usa la analogía de un destete exitoso, lo cual en aquella cultura habría supuesto un ejemplo concreto. Todos entenderían el esfuerzo requerido para retirarle el pecho a un niño. Aunque a primera vista parece una dulce imagen, en realidad habla de mucha lucha. Llegar a estar satisfecho es una lucha. Desde el niño destetado de la leche de su madre hasta la mujer adulta despojada de las comodidades del mundo, nadie llega al contentamiento por defecto. Sin embargo, cuando alcanzamos ese punto, resulta delicioso. Todos podrían haber entendido no solo la satisfacción del niño destetado, sino también la confianza que este niño tenía en su madre. Tim Keller afirma que esta imagen es la de la satisfacción suprema:

> *El niño de pecho, sostenido por su madre, es altamente consciente de la leche que ella puede ofrecer, y se retorcerá y llorará si se la niega. Sin embargo, el niño que ha sido «destetado» (v. 2), y que ya no lacta, está satisfecho con su madre, disfruta de su cercanía y su amor sin querer nada más (The Songs of Jesus, página 337).*

El niño destetado disfruta de su madre por quien ella es, y no solo por lo que ella le da. Caemos en el descontento cuando vemos a Dios solo como aquel que nos proporciona dádivas o nos libera de las circunstancias difíciles, y no lo disfrutamos por él mismo. Cuando esta es nuestra perspectiva, perder un regalo o experimentar circunstancias difíciles debe disminuir o destruir nuestro contentamiento. Por el contrario, al despojarla del consuelo de este mundo, el alma destetada ve a Dios como el Único digno de su deseo y su confianza. Quiere a Dios por él mismo, no por lo que le puede dar.

Este es el núcleo central del verdadero contentamiento. Cuando nos vemos de la forma adecuada, «permanecemos en nuestro carril» y confiamos en Dios como la fuente de nuestra satisfacción en vez de considerar lo que él nos da, podemos sentirnos saciadas en todo momento, porque esto no depende de nuestras circunstancias. Así como el consuelo del niño está arraigado en su madre (no en lo que ella le proporciona), nuestra complacencia está enraizada en Dios (no en lo que él nos da).

Y la satisfacción es, principalmente, una respuesta interna. David declara: «Como un niño destetado es mi alma en mi interior» (v. 2, NTV). Los efectos del contentamiento pueden difundirse (como tienden a hacer los efectos del descontento), pero la mayor parte del tiempo no puedes definir nunca quién está satisfecho y quién no. Aunque nuestras respuestas externas a la vida podrían ser de lo más visibles, a Dios también le preocupan nuestras reacciones ocultas. Él lo ve todo, desde nuestra alma hasta nuestras acciones exteriores.

El proceso de destete de un niño implicaba gran lucha y la mayoría de las veces confusión. El consuelo es mucho más cómodo, ¿no es así? No obstante, como el niño destetado, debemos aprender a confiar en que el consuelo llegará a veces de formas que ni siquiera creemos posibles.

EL LLAMADO DE LOS SATISFECHOS

Tras ver la respuesta de los satisfechos, el último versículo tiene mucho más sentido.

> Oh Israel, pon tu esperanza en el Señor,
> ahora y siempre (v. 3).

Dado que lleva toda una vida aprender este salmo, el llamamiento corporativo a confiar en Dios ahora y siempre es acertado. El contentamiento de hoy podría no significar lo mismo mañana, de manera que se insta una y otra vez a confiar, a esperar en el Señor hoy y cada uno de los días. Como el niño destetado confía en que su madre seguirá siendo su consuelo aun cuando lo que más ama se haya secado, así podemos y debemos confiar en que Dios será nuestro consuelo incluso en nuestro proceso de destete, «ahora y siempre» (v. 3).

Solo entonces estaremos verdaderamente satisfechas. Solo entonces seremos capaces de «permanecer en nuestro carril» y confiar en Dios con respecto a todo lo demás que está sucediendo en el camino, a nuestro alrededor y delante de nosotras.

Salmo adicional: Salmos 16

Anotaciones

_____

_____

_____

_____

_____

_____

_____

_____

_____

_____

_____

_____

_____

_____

_____

_____

_____

_____

AGRADECIDA
SALMOS 103

Alaba, alma mía, al Señor,
y no olvides ninguno de sus beneficios.

Salmos 103:2

Con frecuencia les preguntamos a nuestros hijos a la hora de cenar qué los ha hecho sentir agradecidos a lo largo del día. Son pequeños, así que puedes imaginarte la gama de respuestas. A veces sienten gratitud por cosas: un programa de televisión o sus juguetes; a veces por las personas; ¡y a veces por cosas que no tienen mucho sentido para mí! A menudo luchan para elucubrar algo, porque no logran recordar el día que ha transcurrido. En gran parte se debe a su edad, pero también a que la disciplina de recordar en aras de la gratitud es exactamente eso: una disciplina. No siempre surge de manera natural ni para los niños ni para los adultos.

A algunas de nosotras nos resulta difícil sentir gratitud. Para otras es fácil, pero tal vez no con respecto a las cosas adecuadas.

Salmos 103 es un llamado a recordar. Sin embargo, también insta a la gratitud.

LA LIBERACIÓN CONDUCE A LA GRATITUD

El salmo empieza y acaba con un llamamiento a la alabanza:

Alaba, alma mía, al Señor;
alabe todo mi ser su santo nombre (v. 1).

Alaben al Señor, todas sus obras,
en todos los ámbitos de su dominio.
¡Alaba, alma mía, al Señor! (v. 22).

Siempre hay por qué estar agradecida. Como mis hijos, puedo pensar en cosas de cada uno de los días: la comida compartida con una amiga, el libro nuevo que acabo de recibir en el correo, las flores recién plantadas, los rayos del sol o la lluvia. En todas estas cosas, nuestros sentimientos de gratitud deberían canalizarse hasta el Dador de toda buena dádiva. Como sabemos que él es el que nos da todo, debemos bendecir al Señor por todas las cosas que nos da.

En su libro *Sublime gratitud: descubre el gozo de un corazón agradecido*, Mary Mohler describe así la gratitud:

> *Se trata de una mentalidad intencional que se debe al*
> *hecho de que, al haber recibido de veras a Jesucristo*
> *el Señor, al caminar con Él, y al estar arraigadas y*
> *establecidas en la fe, rebosamos de agradecimiento como*
> *resultado. (página 21).*

Para ser agradecida es necesario observar las cosas buenas que recibimos y recordarlas. Tengo amigas que tienen un «frasco de la gratitud» o una «pared de agradecimiento» en sus casas. Ante cada oración respondida o recordatorio del cuidado de Dios, lo escriben y lo colocan en el frasco o la pared. Al final del año leen cada ejemplo de los «beneficios» que Dios les ha proporcionado. ¿Qué clase de efecto crees que tiene esto en sus almas? ¡Es tremendo! David nos está llamado a recordar una y otra vez todo lo que se nos ha dado.

Sin embargo, hay algunos días en que no comemos con una amiga o no tenemos dinero de sobra para ese libro; días en que llueve cuando necesitamos sol, o permanece seco cuando esperábamos que lloviera. A veces no podemos pensar en nada que añadir al frasco de la gratitud. Otros días, la vida va tan bien que podríamos llenar nuestras oraciones de agradecimiento por nuestras bendiciones diarias, pero olvidar que existe algo más allá de los gozos materiales y relacionales de nuestra vida ahora mismo.

Tanto en un momento como en otro —cuando la vida es difícil o cuando es muy buena— precisas que se te recuerden los beneficios de la imagen panorámica que son siempre verdad con respecto al pueblo de Dios, y que deben ser el mayor combustible para tu gratitud:

- Él perdona todos tus pecados (v. 3a).
- Él sana todas tus dolencias (v. 3b).
- Él rescata tu vida del sepulcro (v. 4a).
- Él te cubre de amor y compasión (v. 4b).
- Él colma de bienes tu vida y te rejuvenece como a las águilas (v. 5).

Estos son beneficios verdaderos todo el tiempo. Cuando los beneficios diarios no se pueden ver (y hasta cuando son visibles), podemos mantener en mente esta visión a largo plazo. En Cristo, Dios perdona tu pecado. En Cristo, te redime del sepulcro. En Cristo, un día te sanará de toda enfermedad (y hasta puede curarte en esta vida). En Cristo, te satisface de bienes y te proporciona una energía renovada (como al águila). Él ha hecho estas cosas por ti. ¿Rebosas de gratitud por ellas?

Y hay más.

CÓMO CRECE LA GRATITUD

Es como si David no pudiera dejar de pensar en todas las formas en que Dios es bueno y amable con él. La gratitud por el carácter divino sencillamente fluye.

Dios no olvida a aquellos que están oprimidos (v. 6); en vez de ello, obra para hacer justicia. Se ha revelado a su pueblo, desde Moisés. Su obra con los israelitas desde ese momento es un testimonio de su carácter hoy (v. 7). Él ha estado obrando en el mundo durante largo tiempo y sigue haciéndolo.

> *El SEÑOR es clemente y compasivo,*
> *lento para la ira y grande en amor.*

No sostiene para siempre su querella
ni guarda rencor eternamente (vv. 8-9).

El Dios que se reveló a Moisés en Éxodo 34 es el Dios de Salmos 103, y el de ahora mismo. Cuando recordamos sus caminos, vemos su carácter, y este no cambia. Él sigue siendo clemente y misericordioso. Sigue sin tratarnos según nuestros pecados (vv. 10-13). Y esto nos proporciona la resolución de confiar en él.

Sin embargo, también nos muestra con cuánta urgencia lo necesitamos. Mientras más meditamos en quién es Dios, más vemos quiénes somos nosotros, no solo en nuestra pecaminosidad, sino también en nuestra fragilidad. Dios puede ser inmutable, pero nosotras no. Los versículos 13-14 forman uno de mis pasajes favoritos de todos Salmos:

Tan compasivo es el Señor con los que le temen
como lo es un padre con sus hijos.
Él conoce nuestra condición;
sabe que somos de barro.

Dios nos creó, de modo que nos conoce más que nosotras mismas. Él no espera más de nosotras que aquello que es posible en nuestra finitud. Dios es compasivo. Sabe lo débil y lo inseguras que podemos ser. Con frecuencia nos vemos confrontadas con nuestras limitaciones, podemos desalentarnos más, pero aquí David afirma que esto en realidad es un consuelo. Debido a quién Dios es, podemos descansar dentro de nuestras propias limitaciones.

¿Quieres saber cómo es Dios?, pregunta David. *Considera a un buen padre.* Un buen padre entiende la fragilidad de sus hijos. No espera de ellos más de lo que son capaces de dar mental y físicamente. Un buen padre siente compasión por la debilidad y las limitaciones de sus hijos. Empuja a su hijo de dos años en el carrito en lugar de esperar que caminen toda la mañana. Ayuda a su hija pequeña a preparar el desayuno, porque no es seguro para ella manejar la cocina. De manera similar, Dios es

un Padre que ve nuestra fragilidad, nuestra pecaminosidad y nuestra incapacidad de salvarnos o cuidarnos a nosotras mismas, y se compadece.

Cuando vemos el carácter y la obra de Dios, esto nos recuerda lo fugaces y frágiles que somos:

> *El hombre es como la hierba,*
> *sus días florecen como la flor del campo:*
> *sacudida por el viento,*
> *desaparece sin dejar rastro alguno (vv. 15-16)*

Meditar en nuestra propia fragilidad no solo nos lleva a alabar por el poder y la naturaleza eterna de Dios, sino por su amor.

> *Pero el amor del SEÑOR es eterno*
> *y siempre está con los que le temen;*
> *su justicia está con los hijos de sus hijos (v. 17).*

Nosotros desapareceremos, pero el amor de Dios no se acabará jamás. La gratitud crece cuando lo vemos a él tal como es, y a nosotras como somos. Él es infinito; nosotras somos finitas.

LA GRATITUD PERSONAL CONDUCE A LA GRATITUD CORPORATIVA

El salmo comenzó con una llamada a la gratitud personal. Sin embargo, en el versículo 20 da un giro y hace que la gratitud se extienda más allá de nosotras mismas, derramándose en las vidas de otros y de toda la creación. Los beneficios que Dios le proporciona a su pueblo —la salvación que recibimos por medio de Cristo, la sanidad que experimentamos, la liberación que obtenemos y cualquier otro beneficio que llegue— no se nos dan solamente para que alabemos a Dios aislados. Nuestra experiencia de gratitud pretende ser compartida con todos.

> *Alaben al SEÑOR, ustedes sus ángeles,*
> *paladines que ejecutan su palabra*
> *y obedecen su mandato.*

Alaben al Señor, todos sus ejércitos,
siervos suyos que cumplen su voluntad.
Alaben al Señor, todas sus obras
en todos los ámbitos de su dominio.
¡Alaba, alma mía, al Señor! (vv. 20-22).

Observa la progresión: David comienza primero llamando a los ángeles a alabar al Señor. Ellos son los seres celestiales que obedecen sus mandamientos, lo adoran y existen por él. A continuación invita a los ejércitos (o las huestes) a alabarle. Ellos son los que ejecutan la voluntad de Dios para justicia y rectitud. Dios es el Señor de los ejércitos, Aquel que protege y ordena todas las cosas por su poder. Él es el Señor de los ejércitos, el Señor de las huestes celestiales cuya victoria ya está ganada y asegurada. Luego David concluye su triple progreso llamando a la creación a adorar también. Dios es el Creador y su creación canta su alabanza (Salmos19:1; 24:1). La creación está llena de sus «beneficios», ya que él gobierna y reina sobre el mundo que ha hecho, el cual debe vivir en obediente gratitud hacia su Hacedor. Él gobierna y reina sobre todo. Este salmo se basa en la gratitud: primero, por la forma personal en la que Dios ha tratado con David; luego por la manera como él manifiesta su carácter en estos beneficios; y a continuación por el modo en que toda la tierra alaba al Señor con gratitud. ¡Deberíamos sentir el estallido de gratitud no solo de David, sino también de toda la creación entonando alabanzas a Dios! Cuando vivimos agradecidas, estamos siendo coherentes con la creación.

Tu gratitud no debe expresarse nunca de forma aislada solamente. La misericordia de Dios no se limita a ti. Es para todos los que estén en contacto contigo. Es para todos los que conozcan tu historia, tus luchas, tus deseos y tus oraciones, de manera que consideren tu vida y declaren: «Alaben al Señor. Alábenlo por las formas en que nunca la deja ni la abandona. Alábenlo por todo lo que le ha dado y lo que ha hecho por ella, por cómo obra él en ella. Debe ser un Dios digno de mi confianza».

No solo encontramos este modelo en Salmos. También lo hallamos en el Nuevo Testamento. Dedica un momento a leer

Colosenses 1:3-23, Efesios 2:4-7 o Romanos 11:33-36. Los beneficios de Dios para nosotros deben ser notados, comentados y compartidos.

La gratitud es una disciplina que se perfecciona y se expresa mejor en compañía. Cuando nos recordamos unas a otras los modos específicos en los que Dios nos ha ayudado, esto nos conduce a la gratitud. Nos ayuda a no olvidar; y el olvido es aquello contra lo que nos advierte David en Salmos 103:2. Por naturaleza somos olvidadizas, y serlo en lo espiritual nos causa anemia espiritual. No puedes alabar al Señor como lo hace el salmista en Salmos 103 si primero no recuerdas de forma intencionada todas las maneras como este Señor te ha bendecido.

¿Eres específica a la hora de decirte a ti misma, y contarles a otros, cómo te ha liberado Dios? Cuando él responde a los clamores de tu corazón, ¿le das las gracias? El carácter de Dios manifestado en el Antiguo Testamento es el mismo que exhibe hacia ti, su hija. La obra de Cristo realizada en la cruz es un beneficio para ti, su hermana. Dios te proporciona al Espíritu Santo para vivir en ti y transformarte, y te llevará por todo el camino hasta el hogar en el cielo. Cada día recibes estas bondades que cambian la vida y la eternidad. Y también eres el receptor de millares de beneficios diarios de su mano si tienes ojos para verlos. ¿Cuentas todos tus beneficios? ¿Estás llena de gratitud?

Cada persona ejerce la disciplina de contar los beneficios de Dios de manera diferente, pero a todos esto nos exige intencionalidad. No se nos da con facilidad la gratitud. Tal vez esto signifique disponer una «pared de agradecimiento» en tu casa donde puedas colocar notas adhesivas que señalen lo que Dios ha hecho este año. Cuando me hallaba hospitalizada y también durante el año siguiente fui haciendo una lista de las nuevas misericordias que experimenté cada día de parte de Dios. Esto no eliminaba el temor ni la depresión, pero sí levantaba mi mirada hacia Dios y me ayudaba a aferrarme a él en la oscuridad. Todas tenemos momentos de gratitud, pero desarrollar la disciplina de recordar las dádivas divinas de forma sistemática nos llevará a nosotras y a quienes nos rodean más cerca del Señor, y nos hará ser más agradecidas por Dios y con él.

A un niño pequeño le resulta difícil recordar las formas en que Dios ha sido bueno con él durante un día en concreto. Pero esto también es a veces complicado para nosotras. Por ello necesitamos Salmos 103, para que nos recuerde cómo nos ha sustentado Dios de forma personal, cómo ha proveído para nosotras de manera eterna, y cómo ha obrado en las vida de muchos, muchos más. Esto nos conduce a una fe mayor en su capacidad de proveer, una mayor esperanza para el futuro y un amor mayor por su carácter compasivo.

Hermana, tienes mucho por lo que dar gracias, y la razón mayor es Jesús. No olvides todos sus beneficios para ti. Son más de los que se pueden contar.

Salmos adicionales: Salmos 34, 98, 100

Anotaciones

_____

_____

_____

_____

_____

_____

_____

_____

_____

_____

_____

_____

_____

_____

_____

_____

_____

_____

_____

_____

_____

NECESITADA DE CONFIANZA
SALMOS 27

El Señor es mi luz y mi salvación;
¿a quién temeré?
El Señor es el baluarte de mi vida;
¿de quién podré amedrentarme?

Salmos 27:1

De niña soñaba con entrar en el equipo de animadoras. Entrenaba, hablaba de ello, me preparaba para las pruebas. Y en la seguridad de mi propio dormitorio, estaba segura de tener lo que se precisaba para formar parte del grupo.

Sin embargo, entonces tuve que aguardar en fila hasta que llegara mi turno de presentarme ante los jueces.

Lo único que podía ver era a otras chicas que claramente poseían más habilidades que yo. Sus saltos eran más altos. Su flexibilidad era mayor (lo cual es decir poco, ya que yo no tengo ninguna). Ellas estaban seguras de sí mismas. Cualquier atisbo de confianza que tuviera en mis posibilidades de ser animadora en la escuela elemental desaparecieron mientas observaba la coreografía de cada una de mis competidoras.

Yo no tenía ninguna confianza.

Mi falta de confianza no ha hecho más que crecer a lo largo de los años. Veo a alguien que corre más que yo y no confío en mi carrera. Leo a una mejor escritora o escucho a una maestra de la Biblia mejor, y me deja con un voto de «no confianza» en mí misma. Mejor ni hablar de mi confianza como madre. Solía pensar que mientras más hijos tuviera, más segura me sentiría.

¿Qué impulsa mi falta de confianza? El ideal y lo estándar cambian constantemente.

Los equipos de animadoras vienen y van, y lo mismo ocurre con la seguridad que proporciona entrar en el equipo. Ser la mejor escritora, la mejor corredora y la mejor madre son blancos en movimiento. Si nuestra confianza procede de compararnos con quienes nos rodean, siempre habrá alguien que nos supere y socave nuestra seguridad. Incluso cuando ganemos nos sentiremos débiles, inseguras, porque puede aparecer alguien que sea mejor mamá/maestra/corredora/animadora que nosotras. Nuestra confianza será siempre quebradiza en el mejor de los casos, y en el peor resultará inexistente.

Salmos 27 nos proporciona una confianza de mejor clase, anclada de principio a fin en una realidad fija y no en nuestra propia capacidad. Esta realidad fija cambia tu forma de orar y esperar. Te hace sentir confiada. Este es un salmo sobre la confianza creciente y sostenida independientemente de lo que la vida ponga en tu camino. David nos da permiso para sentir la cambiante realidad de la vida en un mundo quebrantado y aferrarnos a la realidad inamovible de la vida con Dios.

UNA REALIDAD INALTERABLE

David se siente seguro en el versículo 3 por la realidad inalterable establecida en el versículo 1. Su razón para confiar se debe por completo a otra persona y no a sí mismo. Dios es su luz, su salvación y su fortaleza. Dios lo protege física y espiritualmente. Dios es su realidad inalterable.

Él necesita que esta realidad esté siempre presente delante de él debido a la aflicción que le llega de todas partes. A lo largo de la segunda mitad de 1 Samuel, David se encuentra en una «fortaleza» a causa de la amenaza de los enemigos (tanto de afuera como de adentro de Israel). Sus oponentes eran más grandes, más fuertes y más ricos que él. Ellos deberían haber aplastado su confianza, y después a él. De modo que los adversarios en Salmos 27:2-3 son dignos de su temor: buscan devorarlo, acampar alrededor de él y pelear en su contra. Se trata de una guerra en toda regla contra David, pero entonces sucede algo sorprendente.

Yo mantendré la confianza (v. 3).

Cabría esperar que David hablara de su temor, sobre todo cuando los enemigos están intentando matarlo y lo rodean por todas partes. Sin embargo, no se siente desestabilizado por el miedo. En su lugar, su confianza crece:

Porque en el día de la aflicción
él me resguardará en su morada;
al amparo de su tabernáculo me protegerá,
y me pondrá en alto, sobre una roca (v. 5).

Aquí David expande su realidad inalterable para que vaya más allá de la mera protección. Dios se preocupa por él. Dios lo mantiene a salvo en «su tabernáculo». Dios no solo lo protege de sus enemigos en el desierto, sino que lo acerca a él y a su propia casa. A lo largo de 1 y 2 Samuel se hace cada vez más evidente que aunque David sigue escapando asombrosamente de sus enemigos, en realidad no es una sorpresa, porque Dios lo guarda durante todo el camino debido a que se preocupa por él. No tienes más que escuchar las palabras de 2 Samuel 17:14, donde Absalón (el hijo rebelde de David) escoge el consejo de Husay (el aliado de David) y no el de Ahitofel (enemigo de David):

Esto sucedió porque el SEÑOR había determinado hacer
fracasar el consejo de Ajitofel, aunque era el más
acertado, y de este modo llevar a Absalón a la ruina.

Desde todo punto de vista, el consejo de Ahitofel a Absalón era bueno, aunque no necesariamente moral. La única forma de derrotar a David era seguir su recomendación. Sin embargo, Dios frustró ese «buen» consejo para vencer al hijo rebelde y preservar a su padre, su rey elegido. Dios puede hacer fracasar una buena recomendación a fin de proteger sus propósitos. Él es nuestra fortaleza. Es nuestra luz y salvación. Es una realidad inamovible para nosotros. Y le importamos.

A este lado de la cruz podemos regocijarnos aún más en esta realidad inalterable. Dios era la luz, la salvación y la fortaleza de David, pero en Cristo estas objetividades hallan su cumplimiento más fiel y su mayor expresión. Cristo es nuestra luz, porque él es la «luz del mundo» (Juan 8:12). Cristo es nuestra salvación, porque en la cruz fue el sacrificio perfecto por el pecado (Hebreos 7:27). Cristo es nuestra fortaleza, porque nos protege y nos sostiene en todo el camino a la gloria. Deberíamos permitir que esta realidad inalterable de la obra de Cristo y nuestra unión con él también nos sustente. El Cristo exaltado sobre sus enemigos (Filipenses 2:9) es nuestro Cristo. Su exaltación es la nuestra. Un día seremos glorificadas (Romanos 8:28-30), y del mismo modo que nuestra confianza se ve alimentada por la realidad inalterable de nuestra salvación y protección presentes, nuestra confianza futura queda sustentada por lo que Cristo completará en nosotros un día.

El Señor Jesucristo es el mismo ayer, hoy y por siempre. Él se preocupará por nosotras. Te dará la confianza para afrontar el día, independientemente de lo que el día nos depare.

ENSÉÑAME A ORAR

Una vez que nuestra esperanza está firmemente establecida sobre esta realidad inalterable de quién es Jesús y quién es para nosotros, a continuación aprendemos a orar en respuesta a esta esperanza. La realidad inalterable del versículo 1 dirige cada una de las plegarias de David en Salmos 27. Él adora, ora, busca a Dios y confía.

> *Una sola cosa le pido al SEÑOR,*
> *y es lo único que persigo:*
> *habitar en la casa del SEÑOR*
> *todos los días de mi vida,*
> *para contemplar la hermosura del SEÑOR*
> *y recrearme en su templo (v. 4).*

David pide aquí tres cosas:

1. Morar en la casa del Señor todos los días de su vida.
2. Contemplar la hermosura del Señor.
3. Recrearse en su templo.

Sin embargo, en realidad no se trata de tres cosas, sino de solo una. Las tres están conectadas a su deseo de morar con Dios, quien es su fortaleza. Cuando la guerra ruge a su alrededor, lo primero que David pide en este salmo no es ser liberado de sus enemigos (aunque hace esto en otros salmos). En cambio, solicita estar donde se encuentra Dios, verlo como quien él es y estar con él en su templo. Y a continuación adora.

Nosotras también podemos hacerlo.

Nuestro deseo de confianza no debería conducirnos a una seguridad renovada, sino al deseo renovado de adorar y estar con Dios. Y para nosotras, esto es incluso más posible que en la época del salmista. Podemos contemplar la hermosura del Señor a través de su Palabra; es tan sencillo como sacar el teléfono móvil y usar una aplicación de la Biblia. Podemos morar en la casa del Señor con su pueblo, la iglesia. Estamos para siempre en la presencia del Señor por medio de nuestra unión con Cristo. ¿Es esto lo que deseas cuando sientes que tu confianza se disipa? Incluso en su oración, David ve que al buscar al Señor crecerá en seguridad (v. 6).

Enfocarse en Dios morando con él, contemplarlo y buscarlo es lo que nos proporciona confianza. Cuando sabemos que él está con nosotros, se deleita en nosotros, y está obrando en y por medio de nosotros, no vivimos una vida de constante preocupación con respecto a cómo estamos a la altura, ni nos sentimos aplastadas cuando perdemos en el juego de la comparación. Cuando nuestras vidas están moldeadas por la realidad inalterable de Dios y su amor por nosotros en Cristo, dejamos de estar conformadas por la realidad cambiante de la vida en un mundo quebrantado. El Único que importa nos ama, y él es quien nos usa. Ahí radica nuestra confianza. No nos dejaremos asustar por los demás ni por el fracaso si sabemos que Dios es nuestra fortaleza y si lo deseamos por encima de cualquier otra cosa.

Esto no significa ignorar la situación en la que nos encontramos. No oramos y adoramos para distraernos de los temores y las esperas de nuestra vida real. David mismo ora pidiendo ayuda en los versículos 7-12. Su confianza en Dios no aparta su atención de su situación real, sino que le proporciona una perspectiva diferente. Él se enfoca en sus problemas lleno de confianza, una confianza en Dios y no en sí mismo. Por tanto, es específico en sus oraciones:

No te escondas de mí (v. 9).

No me desampares ni me abandones (v. 9).

Guíame, SEÑOR, por tu camino (v. 11).

No me entregues al capricho de mis adversarios (v. 12).

Podemos aprender de las súplicas que David plasma aquí. Él no evita la honestidad, ni obtiene todas las respuestas a sus ruegos en este salmo. Este no es un poema de liberación, sino de confianza. No existe una resolución rápida. Si puede permanecer confiado no es porque todas sus oraciones hayan sido contestadas, sino porque Dios es inmutable y se puede confiar en él con respecto al resultado. Apuesto a que tú tampoco cuentas con todas las respuestas a tus súplicas. Yo sé que ese es mi caso. Estoy segura de que te estás enfrentando al menos a un reto que parece insuperable en tu vida. Yo sí. Sin embargo, David nos está diciendo esto para que oremos con confianza y por cosas específicas.

CONFIANZA DURANTE LA ESPERA

La imagen de confianza manifestada a lo largo de este salmo es de una confianza en algo externo a David. Dios es el libertador. Dios es el protector (v. 5). Dios es el que exalta a David tras liberarlo (v. 6). Dios es quien está a su lado incluso cuando todos lo abandonan (v. 10). Dios es quien lo enseña (v. 11). Dios es quien lo guarda (v. 13). Y por todo esto, es en Dios en quien confía. Merece la pena esperar la liberación plena de Dios, porque él se ha probado a sí mismo una y otra vez.

Si yo me hubiera sentido así de segura durante todos aquellos años mientras esperaba recibir los resultados para el siguiente equipo de animadoras, tal vez no me habría sentido tan devastada cuando mi nombre no aparecía en la lista... una vez más. Si mi confianza se hubiera basado en el amor y los planes para mí, y no en algo tan incierto como el grupo de animadoras de quinto grado, mi respuesta habría sido muy diferente. Podría haber adorado en lugar de sentirme desesperada. Podría haber confiado en Dios y esforzado al máximo, sin preocuparme por el resultado. Si hubiera deseado esa «única cosa» de estar con Dios en lugar de formar parte del equipo, tal vez tendría una sabiduría diferente transcurridos todos estos años.

Para la mayoría de nosotras no se trata de ser animadora. Sin embargo, es alguna otra cosa. Existe un momento en el que cada persona tiene que afrontar algo para lo cual carece de confianza en sí misma. Esos períodos llegan todo el tiempo, a lo largo de cada día. Cuando te sientes así necesitas Salmos 27. Clama a Dios, recuerda su hermosura, la bienvenida que te da, y halla confianza en su presencia.

El salmo no acaba con una solución. No obstante, nuestras vidas no están tampoco resueltas que digamos. En este sentido, estamos esperando en el Señor (v. 14). Por ello necesitamos el versículo 1 cada día. Mientras esperamos, podemos tener valor y cobrar ánimo, porque el primer versículo es absolutamente verdad para aquellas de nosotras que estamos en Cristo. Mientras esperamos, podemos orar con palabras específicas y sinceras a nuestro Dios, que oye nuestras plegarias y no nos abandonará. Mientras esperamos, podemos buscar al Señor en su casa y su Palabra. Y mientras esperamos, podemos permanecer confiadas en que él será nuestro refugio de las batallas que rugen a nuestro alrededor y en nuestro interior.

Si nuestra confianza descansara en nuestra capacidad, estaríamos perdidas. Sin embargo, reposa en algo seguro. De modo que sé fuerte, hermana. Ten valor. El Señor es la fortaleza de tu vida. Puedes estar segura en él aunque ruja la batalla, aun cuando tus defectos o debilidades sean muy evidentes para ti. El Señor es tu luz y guía tu camino; es tu salvación y te da vida; es tu fortaleza y te protege. No hay nada que temer, y sí todas las razones para vivir confiada.

Salmos adicionales: Salmos 9, 11, 17, 20

Anotaciones

_____

_____

_____

_____

_____

_____

_____

_____

_____

_____

_____

_____

_____

_____

_____

_____

_____

_____

_____

_____

ENOJADA
SALMOS 4

Si se enojan, no pequen;
en la quietud del descanso nocturno
examínense el corazón.

Salmos 4:4

Los parpadeantes números rojos se burlaban de mí mientras los miraba fijamente por la que me pareció ser la millonésima vez. 11:00 p. m. 12:30 a. m. 2:00 a. m. Sabía que tardaría en dormirme y que la alarma del despertador sonaría mucho antes de que estuviera preparada para levantarme.

Sin embargo, no me podía dormir. No podía dejar de repetir la pelea en mi cabeza. Había dicho cosas que no debía. La otra persona también. Me sentía culpable por mi estallido de ira. No obstante, también me sentía herida por lo sucedido. Y me asustaba lo que me depararía el día siguiente con respecto a mi conflicto sin resolver.

Seguía enojada. Y estaba muy despierta.

¿Has estado alguna vez tan irritada que no podías dormir? Tal vez tu colega te trató de manera injusta, te habló con dureza o se llevó el mérito por tu duro trabajo. De modo que te quedaste dando vueltas y vueltas en la cama toda la noche, sabiendo que tenías que superarlo, pero con la certeza de que sencillamente no podrías. O tu vecino invadió tu espacio, pero no lo admitió. Estropeó tu césped o rompió tu valla, y el cargo económico fue para ti. Estás acostada, molesta y abrumada por lo que podría ocurrir mañana. Tal vez una amiga te traicionó difundiendo mentiras sobre ti, y sabías que al día siguiente tendrías más problemas de los que podrías soportar. Estabas furiosa por la injusticia, y por ello no te quedabas dormida.

Salmos 4 es un salmo de lamento en el que David afronta ataques de enemigos de carne y hueso. Algunas de estas composiciones se ocupan del enojo de distintas maneras —incluidas las que claman a fin de que el juicio descienda sobre los enemigos— pero en esta David lucha para tratar personalmente con su fastidio. Aquí David no solo nos está llevando a sentir nuestro enfado correctamente, sino también a procesarlo de la misma manera.

CUANDO ENOJARSE ES CORRECTO

Para expresarlo con sencillez, David está disgustado porque los malvados lo están atacando por todas partes. En lugar de honrarlo como rey, está siendo avergonzado. Se está mintiendo sobre él (v. 2). Se burlan de él (v. 6).

Sentir enojo por una falta de respeto, ser víctima de las mentiras o que se burlen de ti no es una experiencia exclusiva de David. Parte de vivir en un mundo quebrantado es que en nuestras vidas hay personas a quienes no les caemos nada bien, y expresan su desdén hacia nosotras mintiendo y burlándose. Esta es una carga pesada de llevar. También es irritante.

A menudo se les aconseja a las cristianas que no se enfaden, que ignoren o repriman los sentimientos.

Sin embargo, a la pregunta: «¿Está bien enfadarse?», creo que la respuesta de Salmos 4 es «sí», siempre que el enojo esté justificado. La furia justa tiene por objeto aquello que también exaspera a Dios. A él le altera que se burlen de su nombre, que se le robe su gloria y su mundo sea maltratado. También se irrita cuando los portadores de su imagen son insultados, avergonzados, sufren un trato inadecuado y son objeto de burla; cuando las personas que él creó no se honran mutuamente, sino que abusan las unas de las otras. El mundo y todo lo que en él habita es creación de Dios. De modo que cuando el mundo gime por los efectos del pecado, Dios también lo hace. En el caso de David, su irritación es justa, porque se están burlando de él, mienten sobre él, lo avergüenzan y lo maltratan. A Dios también lo enojan estas cosas.

El enfado injusto se produce cuando algo se interpone en nuestra forma de asegurar nuestra propia gloria. Este se centra en sí mismo. No obstante, aquí a David le preocupan Dios y su gloria. Los ataques de sus enemigos amenazaban las promesas divinas y la adoración a Dios. Los seres humanos fueron hechos para glorificarlo, de manera que la gloria divina se ve directamente afectada cuando experimentamos la vergüenza y el maltrato que el salmista está padeciendo. Y esto lo enfada.

Vemos esto con mayor claridad no en el enojo de David, sino en el de nuestro Salvador. Los cuatro Evangelios nos muestran cómo purificó Jesús el templo de las personas interesadas que usaban la casa de Dios para su propia ganancia. En Juan 2:17, cuando sus discípulos observaron sus acciones, «se acordaron de que está escrito: "El celo por tu casa me consumirá"». Su ira está justificada. Su propósito es preservar el nombre de Dios. Él no elude su enojo en absoluto, sino que lo usa con un motivo. Jesús dejó que su justo enojo alimentara una acción valiente: limpiar la casa de su Padre a fin de devolverla a su intención original de ser un lugar para que personas de todos los trasfondos vinieran y se encontraran con Dios sin restricciones impuestas por los hombres.

Con frecuencia nos sentimos tentadas a eludir cualquier indicio de enojo debido a que pensamos que todo enfado es pecado; o tememos que un estallido pudiera conducir a la transgresión; o porque no entendemos correctamente cómo usar nuestro celo para buenos propósitos. Sin embargo, lo opuesto a la irritación no es el amor, es la indiferencia. Existe un momento en que la respuesta más amorosa que podemos tener con respecto a una situación es la ira justa, y no sentir nada o reaccionar con indiferencia es en realidad la respuesta cruel. Somos portadoras de la imagen de Dios, de manera que en un mundo quebrantado se espera que nos enfademos por las cosas que él odia. En su libro *Good and Angry*, David Powlison definió a Dios como «la persona famosa más enojada de la historia». Este autor afirma que cuando miramos a Dios, vemos que...

> *no hay nadie que sienta una ira tan parecida a la tuya y a la vez tan sumamente diferente. Recuerda que fuimos hechos a su imagen, con el potencial de la indignación santa con respecto al mal. Y por mucho que nuestro enojo se haya retorcido y vuelto al revés, la intención del Señor es volvernos a hacer amorosamente a esa misma imagen (Good and Angry, página 105).*

De manera que, cuando te enojas, la primera pregunta que hay que formular es: ¿Por qué? ¿Es porque se le ha robado la gloria a Dios o los portadores de su imagen han sido maltratados, o porque la gloria que yo quería ha disminuido o no se han satisfecho mis deseos?

OCÚPATE DE TU ENOJO DE LA FORMA CORRECTA

Sin embargo, si tu exasperación es justa, surge una pregunta. ¿Qué hago con esta rabia una vez que me permito sentirla?
David nos señala:

> *Si se enojan, no pequen;*
> *en la quietud del descanso nocturno*
> *examínense el corazón (Salmos 4:4).*

Aun cuando nuestra ira sea por el impulso correcto, es necesario que seamos cuidadosas para ser justas en el modo de responder a ello. Esa es la idea de David aquí. Él está irritado (y con razón), pero tiene que aprender cómo reaccionar a esta furia de un modo que le impida pecar. Dan Allender y Tremper Longman, en su libro *The Cry of the Soul: How Our Emotions Reveal our Deepest Questions About God*, comparan el enfado justo e injusto, particularmente en cuanto a cómo se trata con ellos en los salmos. Usando este versículo, afirman que la justa ira espera y medita:

*El enojo debería conducirnos a meditar en silencio en
lugar de actuar directamente. Por lo general, el enojo
es un pistoletazo de salida que da la señal de saltar de
los bloques de arrancada para controlar, consumir y
destruir. En su lugar, el enojo debería ser un pistoletazo
de salida que nos llame a sentarnos y pensar*

(página 54).

La ira justa tratada con justicia conduce a una paz que sobrepasa todo entendimiento. La ira injusta o la ira justa a la que se responde con injusticia nos impiden dormir.

Imagínate una pelea con alguien y que la culpa sea suya. Tal vez esto te lleve a componer mentalmente un correo electrónico mordaz, que muestre quién es la vencedora real. Quizás te lleve a volver a repasar la disputa en tu imaginación, donde siempre presentas las mejores líneas de defensa. Lo siguiente con lo que te encuentras es que estás totalmente despierta y eres incapaz de dormir. David no nos está diciendo que contengamos nuestro enojo, sino que nos proporciona una guía para ello. *Enójate, concede. La injusticia contra ti es real. Puedes sentirlo y enfadarte por ello. Pero no peques.*

David nos aconseja esperar, meditar y sentarnos en silencio. ¿Por qué? Porque así es como Dios actúa en su enojo. Es paciente. Es clemente. Es misericordioso. Es benigno. Nuestra primera respuesta al sentir enfado, como declaran Allender y Longman, tiende a ser un «pistoletazo de salida para controlar, consumir y destruir». Sentimos la tentación de consumir y destruir a quien nos ha ofendido, a veces confrontándolo en nuestra ira o indicándole cuánto nos ha agraviado (consumiendo y destruyendo así su reputación). La primera respuesta de Dios es esperar y ser paciente (Éxodo 34:6). Él es lento para consumir y destruir.

No somos Dios, por supuesto; y la moderación divina llega porque él conoce sus propios propósitos y su poder para tratar con sus enemigos. Nuestra moderación obedece a algo totalmente externo a nosotras mismas, y esto nos lleva a los versículos 1 y 3 de Salmos 4.

En primer lugar, dejas que la fidelidad pasada de Dios alimenta tu dependencia de él en el presente.

Responde a mi clamor,
Dios mío y defensor mío.
Dame alivio cuando esté angustiado,
apiádate de mí y escucha mi oración (v. 1).

Dale Ralph Davis traduce esto como «en lugares estrechos has abierto espacio para mí» (*The Way of the Righteous in the Muck of Life,* página 49). David clama a Dios en medio de su aflicción basándose en que cuando sus enemigos le tienden una trampa, él le abre espacio. Si Dios puede hacer que los lugares estrechos se amplíen, con toda seguridad podemos depender también de él en nuestra aflicción. Como cristianas con una historia personal de tratos de Dios con nosotras (estoy segura de que puedes recordar cómo ha abierto espacio para ti cuando estabas en un sitio estrecho), también podemos confiar en él en el presente por lo que hizo por nosotras en el pasado. Miramos hacia atrás a fin de mirar hacia adelante. Cuando estás considerando tu enojo y esperando para responder, recordar cómo Dios te sacó de lugares estrechos es la senda que te lleva a no pecar en medio de tu enfado. Él te liberó antes. Volverá a hacerlo. No necesitas controlar el resultado. No tienes por qué ganar.

También se puede depender de Dios debido a que a través de la fe en Cristo nos ha hecho suyas (v. 32). Él no permitirá que nos perdamos o que seamos destruidas (Salmos 121:3). No dejará que nos veamos superadas por completo. Él se ha ocupado de nuestro mayor enemigo, el pecado, y seguirá santificándonos por medio de la presencia del Espíritu Santo en nuestras vidas. Saber que nos ama y que busca nuestro bien nos guía a confiar cuando nos ofenden y estamos enojadas.

Sin embargo, como David sabía, llegar allí requiere un poco de tiempo. De modo que es bueno esperar, meditando sobre tu enojo en tu propio corazón. Esto no equivale a tratar de forma pasiva con nuestros enemigos. No es lo mismo que afirmar que el pecado contra ti no importa; desde luego que sí.

Tu meditación no es una forma de cocerte en tu ira, planean do formas de ajustar cuentas, fantaseando sobre la venganza o alimentando el enojo al repasar otros pecados perpetrados contra ti. Reflexionar en tu irritación en silencio te proporciona el espacio para entregarle la situación y a la otra persona al Dios infinitamente más justo, que es Aquel que te liberó en el pasado por medio de Cristo y volverá a hacerlo.

ADORA A DIOS Y DUERME

Cuando dependemos de Dios y nos ocupamos de nuestro enojo, iniciamos el proceso de pasar a la confianza. Solo entonces podemos adorar a Dios de la forma correcta. Ese es el punto que alcanza David en el versículo 5:

> *Ofrezcan sacrificios de justicia,*
> *y confíen en el SEÑOR.*

Y cuando nos volvemos a comprometer a vivir para Dios en esta situación particular que ha provocado nuestra justa ira, y depositamos nuestra confianza en él para que maneje la situación, entonces se produce otro sentimiento del que podemos disfrutar y que irá ocupando poco a poco el lugar de nuestro enojo:

> *Tú has hecho que mi corazón rebose de alegría,*
> *alegría mayor que la que tienen los que disfrutan de*
> *trigo y vino en abundancia (v. 7).*

David está contrastando el gozo de Dios con el de las posesiones materiales. A todas luces, sus enemigos le han quitado muchas cosas, pero Dios ha restaurado su corazón con más de lo que cualquier posesión terrenal pueda darle. Dios le ha dado gozo. La progresión de este salmo es una de esperanza para la cristiana que se enfrenta a una injusticia y al enojo justo. A menudo nos irritamos cuando nos arrebatan algo: la reputación, una posesión o una experiencia con un ser amado. Sin embargo, nadie puede despojarnos de nuestra mayor razón de gozo, que es Dios mismo. David está indicando que aunque sus enemigos le han quitado muchas cosas, lo que Dios provee en medio de todo ello supera con creces lo que se ha perdido. Puedes sentir enfado, puedes depender de Dios, puedes saber que él se preocupa por ti, y puedes experimentar gozo incluso cuando te ves presionado duramente por todas partes. Y puedes hallar descanso.

¿Cómo duermes cuando estas enojada? El hecho de que David fuera capaz de decir: «En paz me acuesto y me duermo» se debe a que confiaba en algo externo a su propio control. Él esperaba que Dios lo protegiera aunque se enfrentara a enemigos por todos los lados, fuera un fugitivo y hubiera hombres que procuraran matarlo. Y es que, después de todo, el versículo 8 seguía siendo verdad.

Solo tú, SEÑOR, me haces vivir confiado.

El enojo es una respuesta natural a la vida en un mundo quebrantado. Tenemos enemigos reales. Experimentamos una injusticia real. David nos aconseja: «Si se enojan, no pequen». Eso es posible. Jesús tenía con frecuencia buenas razones para enfurecerse, y no fue indiferente al sufrimiento ni al pecado; sin embargo, en su enojo jamás pecó. De modo que, por todos los medios, siente la profundidad de tu irritación por la injusticia, pero reposa después en el Dios que es soberano sobre todas las cosas.

Dormir es el recordatorio de que no somos Dios y dependemos de su misericordia y cuidado. Por ello, le entregamos a él la situación y dormimos. Nos hemos apoyado en él. Hemos relatado cómo nos liberó en el pasado. Nos hemos ocupado de nuestro enojo. Descansamos. Y nos despertamos a la mañana siguiente para luchar las mismas batallas que amenazan nuestra paz, de modo que podamos conocer el gozo.

Salmos adicionales: Salmos 35, 94 (estos salmos tratan más con la razón del enojo del salmista, mientras que el Salmo 4 se ocupa de su respuesta en su ira. Entonces, estos salmos son útiles para mostrar cómo vivir lo que el Salmo 4 dice hacer en tu ira para ganar perspectiva.

Anotaciones

PERDONADA
SALMOS 32

Dichoso aquel a quien se le
perdonan sus transgresiones.

Salmos 32:1

E n el clásico de Bunyan, *El progreso del peregrino,* el héroe,
Cristiano, está hundido bajo una carga de la que no se puede despojar solo. Él inicia un viaje para encontrar la forma de
deshacerse de ese peso, y encuentra su camino a la cruz de Cristo. Cuando llega al pie de esa cruz, su fardo cae de sus hombros
y rueda por su espalda. ¡Está libre! Esta es una representación
emotiva de lo que han experimentado incontables cristianos al
descubrir sus deudas pagadas, sus pecados perdonados, y que se
les ha dado la justicia de Cristo. Bunyan relata:

> *Continuó contemplándola, maravillado, hasta que su*
> *corazón rompió a llorar de alegría y emoción. Mientras*
> *lloraba, tres Seres resplandecientes se situaron delante*
> *de él, saludándole [...] Perdonados son tus pecados [...]*
> *Cristiano, al ver todo esto, daba saltos de alegría y*
> *cantaba   (El Progreso del Peregrino,*
> *Página 36, CtristianismoPrimitivo.com).*

Como cristianas somos perdonadas. Esta es una realidad objeti-
va. La realidad de nuestro perdón no se basa en cómo nos

sentimos, sino en nuestra fe en Cristo. Y sin embargo, esa realidad debería afectar a nuestros sentimientos. Por lo tanto, ¿qué sientes con respecto a ser perdonada? Nuestra principal sensación suele ser la del alivio. Pero no debería limitarse a esto. Como a Cristiano, debería apetecernos saltar de gozo y seguir cantando. O expresándolo con las palabras de este salmo, sentirse perdonada significa «canta[r] con júbilo» (v. 11, RVR1960). Salmos 32 nos ayuda a apreciar plenamente lo que significa el perdón para nosotras, y nos ayuda a sentir todo el peso de lo maravilloso que es ser perdonadas.

El fundamento de nuestra fe es que nuestros pecados son perdonados en Cristo. De modo que este es un salmo que resiste la prueba del tiempo. Habla de la condición que nos atormenta a todos: a David, a Juan Bunyan, a Cristiano, a ti y a mí. No obstante, alude también al perdón disponible. Y canta del gran júbilo que viene de saber que eres perdonada en Cristo.

ERES PERDONADA, ERES BENDECIDA
El salmo comienza con una especie de prólogo:

> *Dichoso aquel a quien se le perdonan sus transgresiones,*
> *a quien se le borran sus pecados.*
> *Dichoso aquel a quien el Señor no toma en cuenta su maldad*
> *y en cuyo espíritu no hay engaño (vv. 1-2).*

Ser bendecida es ser feliz. Muchas cosas pueden aportarnos alegría en esta vida: los amigos, la familia, los trabajos, las cosas, los alimentos, los pasatiempos, los deportes y demás. Sin embargo, nada de eso produce una felicidad duradera, porque todo se debe acabar de una forma u otra. David se está refiriendo a una alegría duradera que procede de ser perdonadas por Dios.

Cada línea de los versículos 1 y 2 habla de la naturaleza de pecado. No obstante, cada una de ellas se ocupa de un aspecto diferente del pecado. Tu transgresión es perdonada. Tu pecado está borrado. Dios no toma en cuenta tu maldad y no hay engaño en tu espíritu. Cada palabra para el pecado encierra un significado diferente; y tomando estas frases en conjunto resulta evidente que la bendición del perdón de Dios es que puedes saber que en lo que se refiere a tu pecado no queda nada por hacer. Se trata de una obra acabada. Completa. Se te ha perdonado por completo.

El pecado nos consume desde el interior, pero el perdón de Dios es más profundo aún. Si tu mayor problema ya ha sido resuelto, ¿cómo te sientes? Cuando meditas en cómo ha obrado Dios el perdón en ti, ¿qué percibes? ¿Te sientes bendecida como David? Una traducción expresa: «¡Oh, qué alegría para aquellos a quienes se les perdona la desobediencia, a quienes se les cubre su pecado!» (NTV). Esta es la respuesta de quien ha sido perdonado: una alegría sin fin. Una felicidad duradera. Esto nos hace cantar de gozo, como le ocurrió a Cristiano cuando su carga cayó de sus hombros.

Sin embargo, sé que con frecuencia no canto de gozo por esto. De modo que, ¿cómo seguimos esforzándonos para que nos sintamos de tal forma?

LIBERADA DEL PESO DEL PECADO

Empiezas a sentir la alegría del perdón cuando entiendes de qué has sido salvada. David comienza con un contraste:

> *Mientras guardé silencio,*
> *mis huesos se fueron consumiendo*
> *por mi gemir de todo el día.*
> *Mi fuerza se fue debilitando*
> *como al calor del verano,*
> *porque día y noche*
> *tu mano pesaba sobre mí. Selah (vv. 3-4).*

La descripción integral de nuestro perdón (vv. 1-2) conduce directamente a la imagen de un creyente cargado con su pecado, incapaz de confesar y abrumado por la culpa. Dios, en su bondad, hace que el pecado pese sobre nosotros, porque él

quiere suplir nuestra necesidad de perdón. La única forma de
ser verdaderamente libre es que la carga del pecado se suelte.

De modo que Dios hace que el pecado mantenga despierto
a David por la noche. Este lo consume. No puede descansar
por el peso tan fuerte de la culpa. ¿Te has sentido así alguna
vez? Intentas convencerte de que el pecado que has cometido
no es para tanto. No le hace daño a nadie. Hay pecados peores
por ahí. A Dios no le importa tanto. Cuando pasas tus noches
intentando ignorar tu transgresión o excusarla, sufres insom-
nio, te debilitas y no eres capaz de funcionar durante el día.
Te molesta. Salmo 32 indica que solo hay una forma de ser
liberada de todo esto:

> *Pero te confesé mi pecado,*
> *y no te oculté mi maldad.*
> *Me dije: «Voy a confesar mis transgresiones al Señor»,*
> *y tú perdonaste mi maldad y mi pecado. Selah (v. 5).*

Los versículos 1-2 son el desbordamiento emocional de lo que
sucede en el versículo 5. Haz una pausa y piensa en el peso
del versículo 5 por un momento. A veces lo pasamos por alto,
porque no captamos el tono y el entusiasmo al leer un versículo (al contrario de que cuando se escucha). Tal vez puedas
leerlo ahora mismo en voz alta: «Me dije: "Voy a confesar mis
transgresiones al Señor", y tú perdonaste mi maldad y mi pecado». David dedicó los versículos 3-4 a mostrar la pesadez del
pecado. Y a continuación, como si se sorprendiera o se sintiera
sobrecogido, exclama: *¡Tú me perdonaste! Me liberaste de esta
pesadez. Me llevaste a experimentar los versículos 1-2. ¿Ves cómo
rueda la carga por su espalda y el gozo que esto le produce?
Cuando alcanzamos el final del versículo, David está ya mara-
villado por el perdón divino. Aquel que lo ha perdonado no
es cualquiera. Su sorpresa y su gozo están directamente vincu-
lados al hecho de que es Dios quien lo ha perdonado. Esto lo
asombra. Y debería asombrarnos a nosotras.

Y ahora date cuenta de que David solo conocía en parte
el prodigio del perdón. Él fue perdonado por completo, pero

vivió antes de la cruz de Cristo. Por medio de un sacrificio en la cruz, el Hijo de Dios, reconcilió a su pueblo consigo mismo (2 Corintios 5:17-19; Hebreos 10:10-14). David lo estaba esperando, pero solo vio una sombra, no los detalles. Nosotros podemos mirar hacia atrás; sabemos cómo Dios nos perdonó. Lo hizo porque en la cruz Cristo pagó por todo. Él cubrió el pecado con su propia sangre. Ahora, Dios no nos echa en cara nuestra iniquidad, porque cargó todo el castigo sobre el Salvador. Anuló el registro de deuda que aparecía contra nosotros (Colosenses 2:14-15). Jesús llevó nuestros pecados en su cuerpo sobre el madero, y por su obra somos perdonadas, sanadas (1 Pedro 2:24).

Podemos cantar las palabras de Salmos 32 con el mismo fervor que David —y en un sentido con mayor admiración que él— porque nuestros pecados han sido perdonados por completo y para siempre por medio de Cristo. «Consumado es».

Esto es algo que nunca deberíamos subestimar. Cuando miramos a Jesús en la cruz, vislumbramos lo que sucede cuando se le permite pleno efecto al pecado. Es un peso que aplasta eternamente, y nosotras no tuvimos que cargar con nada de él. ¡Aleluya! ¡Alabado sea el Señor!

LA FELICIDAD DE LA SEGURIDAD

En segundo lugar, sientes la felicidad del perdón si comprendes de qué has sido salvada. Somos perdonadas para poder vivir seguras.

> *Por eso los fieles te invocan*
> *en momentos de angustia;*
> *caudalosas aguas podrán desbordarse,*
> *pero a ellos no los alcanzarán.*
> *Tú eres mi refugio;*
> *tú me protegerás del peligro*
> *y me rodearás con cánticos de liberación. Selah (vv. 6-7).*

En la Biblia el agua suele ser señal de juicio. En Génesis 6, Noé fue salvado de las inundaciones del diluvio, mientras que un mundo rebelde perecía. En Éxodo 14, el pueblo de Israel caminó sobre tierra seca mientras que el mar Rojo se tragaba a los ejércitos de Egipto. Sobrevivir a la avalancha de las caudalosas aguas es un acto de Dios que solo sucede si eres suya... y solo eres suya si tus pecados han sido perdonados y tu relación con él es la correcta. Así, David disfruta de la verdad de que las «aguas caudalosas podrán desbordarse», pero a los creyentes perdonados «no los alcanzarán».

El perdón me indica que lo peor que podría sucederme ya no me ocurrirá. Podría perder relaciones, empleos, estatus, seguridad económica y hasta mi vida terrenal. Sin embargo, en la avalancha de las muchas aguas y en el día de la angustia me mantendré segura.

Necesito recordar esto ahora. Paso mucho tiempo centrada en todo excepto en mi estatus eterno. Los problemas de esta vida son muy inmediatos, los tengo justo delante de mí. Quizás este sea también tu caso. Las «caudalosas aguas» de la vida cotidiana podrían ser barridas un día, pero ahora mismo suelen ser lo único que podemos ver. Tal vez tengas ante ti un semestre ocupado, con poco margen para el descanso; y después te encuentras con que un miembro de la familia necesita también tu cuidado a largo plazo durante el mes. Cuando se te escapa el sueño y está más allá del horizonte, sientes como si estas aguas te tragaran. O tal vez tú y tu esposo sencillamente no parecen llevarse bien. Tiene periodos de crecimiento y comodidad, seguidos de embestidas de conflictos, malentendidos y palabras duras. No hay alivio de estas aguas. Rugen alrededor de tu cuello y están a punto de tirar de ti hacia el fondo: te sientes sin aliento e incapaz de salir adelante.

¿Pueden ser los versículos 6-7 una verdad para ti? No estás cantando de gozo. Tu preservación futura parece hallarse demasiado lejos cuando las pruebas de esta vida se encuentran justo ahí, gritando que es lo único que hay, que no hay esperanza. Es posible que estés viviendo tu peor pesadilla en estos momentos. ¿Es suficiente el perdón para ayudarte a salir de ello?

Tiene que serlo. Lo será. Porque lo que sea que enfrentes hoy no es lo peor que podría pasar, y la peor cosa ha sido borrada ya de tu futuro. En el día cuando las aguas del juicio te hundirían, estarás perdonada, segura.

El agua es a menudo una señal de juicio, pero también de vida y salvación. Jesús se enfrentó al juicio de Dios para que tú no lo hagas. De modo que la avalancha de aguas caudalosas que rodean nuestras cabezas y amenazan con aniquilarnos es sencillamente un recordatorio de que un día retrocederán y alcanzaremos la orilla a salvo. Como afirma Cristiano en otro lugar de *El progreso del peregrino*, estas pruebas no son una señal de la ausencia de Dios, sino que nos hacen rememorar que él nos está llevando a casa, donde las aguas no rugen más.

LA CONFESIÓN DESATA EL GOZO

El punto de entrada a este tipo de felicidad que fluye del perdón es, por supuesto, la confesión. Si nos negamos a confesar, nos bloqueamos y nos perdemos el perdón y el gozo.

Así que David, habiendo experimentado el gozo del perdón, les aconseja a los demás que hagan lo mismo.

> *El Señor dice:*
> *«Yo te instruiré,*
> *yo te mostraré el camino que debes seguir;*
> *yo te daré consejos y velaré por ti.*
> *No seas como el mulo o el caballo,*
> *que no tienen discernimiento,*
> *y cuyo brío hay que domar con brida y freno,*
> *para acercarlos a ti» (vv. 8-9).*

Por lo tanto, confiesa tu pecado. La exhortación que David hace sigue siendo verdadera hoy. No seas como un caballo o un mulo testarudos que se niegan a ser controlados, que deben ser obligados a la sumisión. No seas como la mujer obcecada que prefiere dejar su cuerpo carcomerse por dentro debido a la culpa antes que confesarle sus pecados al Dios todopoderoso. Lo que David viene a decir básicamente es: aprende de mí. Busca el perdón. Humíllate ante la mano poderosa de Dios, entrégate a su misericordia, confiesa el horror de tu pecado y halla abundante perdón a través de Dios solamente.

Aquel que ha sido perdonado se siente feliz. Se siente bendecido, y no con una felicidad tipo cliché de Instagram, sino con una felicidad de raíces profundas que no puede esfumarse. El perdonado se siente desahogado y liberado del peso de los pecados. Se siente seguro. Y guía a los demás para que confiesen y disfruten de su perdón. Siente el perdón que lleva a la vida, la transformación y el gozo, porque sabe de qué ha sido salvado, en lugar de solo tener la vaga sensación de un respiro. Está aliviado hasta lo más profundo y gozoso.

Y así, cuando llegamos al final de este salmo, estamos preparadas para gritar de gozo con David:

> *¡Alégrense, ustedes los justos;*
> *regocíjense en el Señor!*
> *¡canten todos ustedes,*
> *los rectos de corazón! (v. 11).*

Eres perdonada. Piensa en aquello de lo que has sido salvada. Piensa con qué propósito has sido salvada. Piensa por quién has sido salvada. Entonces podrás proclamar con David: «¡Qué salvación tan grande!». Entonces podrás saltar de gozo junto con Cristiano en *El progreso del peregrino*. Bendita la mujer cuyo pecado es cubierto. Bendita la mujer a quien Dios no le echa en cara su iniquidad. Confiesa tu pecado y conoce esta bendición. ¡Y grita de gozo! Porque el regocijo es el sentimiento que procede del perdón.

Salmos adicionales: Salmos 40, 65

Anotaciones

_____

_____

_____

_____

_____

_____

_____

_____

_____

_____

_____

_____

_____

_____

_____

_____

_____

_____

_____

_____

ESPERANZADA
SALMOS 84

Anhelo con el alma los atrios del Señor;
casi agonizo por estar en ellos.
Con el corazón, con todo el cuerpo,
canto alegre al Dios de la vida.

Salmos 84:2

Todas necesitamos esperanza. Precisamos tener esperanza de más de lo que poseemos ahora, de algo mejor o diferente. La esperanza es lo que nos mantiene en marcha en esta vida, es lo que nos hace salir de la cama por la mañana.

Tal vez miraste el Contenido de este libro, viste este título y viniste aquí porque necesitabas cierta esperanza. O tal vez llegaste aquí porque ahora mismo te sientes llena de confianza, pero quieres asegurarte de sentirla de «forma cristiana».

La clave para la esperanza cristiana es que cada vez que la sentimos es un vislumbre de otra esperanza más extraordinaria. Esperas porque fuiste hecha para algo mejor de lo que tienes ahora, aun cuando lo que posees en este momento sea asombroso. ¿Y el dolor y el anhelo que sientes por tener más? Te lo ha dado Dios para que aguardes lo mejor que está aún por llegar. (Jen Pollock Michel se ocupa de un modo excelente de esta añoranza en su libro *Keeping Place: Reflections on the Meaning of Home*).

LA ESPERANZA DE TENER UN HOGAR

Vivimos lejos de mis padres y planificamos un viaje cada año para visitarlos. Es un largo recorrido por carretera (ya que viven a muchos estados del nuestro), y todo el trayecto está lleno de una ávida anticipación por estar con ellos, por estar en su casa. Sé lo que me espera en la casa de mis padres: descanso, comunión, comida y un tiempo ininterrumpido con ellos. Deseo estar con mi familia. Los amo. Tengo años de historia con ellos, de modo que hay mucha familiaridad que me hace anhelarlos y a la vez sentirme cómoda a su lado. Me han demostrado su amor una y otra vez. Me encanta estar allí.

Sin embargo, la esperanza que siento antes de visitarlos desaparece durante nuestra estancia allí. Quizás alguien enferma o todos estamos demasiado cansados para hablar tanto como yo había esperado. Tal vez la estancia allí parece más breve de lo que pensé que sería. Por mucho que disfrute el tiempo que compartimos, nunca es suficiente. Siempre quiero más.

Ese es el problema con nuestras esperanzas en este mundo. Las cosas que anhelamos, que aguardamos y por las que luchamos tienden a desvanecerse, a decepcionarnos o a acabar. Y esto incluye los viajes a casa de mis padres.

Salmos 84 trata del anhelo por el hogar, pero un hogar que no tenemos que abandonar jamás. Es una composición para la mujer que conoce a Dios y el lugar donde él mora, y que está impaciente por hallarse allí. Algunos piensan que este salmo se cantaba cuando el pueblo de Dios peregrinaba al templo de Dios en Jerusalén.

No obstante, hay algo importante que podríamos perdernos si no lo consideramos en su contexto más amplio, en el conjunto del libro. Salmos 84 pertenece al Tercer Libro de Salmos, y en esta sección el tema dominante es la crisis (ver W. Robert Godfrey, *Learning to Love the Psalms*, página 123). Muchos opinan que la crisis a la que se está enfrentando el pueblo en el Tercer Libro es el destierro en Babilonia, que estos salmos se recopilaron de manera específica para alentar al pueblo exiliado. Además, solo uno de los salmos de esta sección se atribuye a David; es como si el rey estuviera ausente. Y por lo tanto,

Salmos 84 es un punto brillante en una parte oscura del salterio. De muchas maneras, hasta este momento también nos hemos ocupado de cosas bastante sombrías en este libro. Sin embargo, aquí llega Salmos 84, con sus profundos anhelos de Dios, su casa y la esperanza de la restauración.

Si ya te sientes esperanzada, este salmo te mostrará cómo encaja esto en la mayor esperanza de todas. No obstante, si como en el probable contexto original del salmo, te sientes desesperanzada, el mismo te recordará que existe una esperanza tan grande que nunca te podrá ser quitada.

LA ESPERANZA DEL ANHELO

Existe una felicidad irrefutable en anhelar la casa de Dios y saber que llegaremos allí:

> *¡Cuán hermosas son tus moradas,*
> *Señor Todopoderoso! (v. 1).*

Y a continuación en el versículo 4, que con el versículo 1 enmarca la primera sección, el salmista habla de alguien que habita en esa morada:

> *Dichoso el que habita en tu templo,*
> *Pues siempre te está alabando.*

La casa de Dios está llena de esperanza debido a que él está allí. Esta es la idea principal, y cualquier otra idea sobre la morada divina es secundaria al hecho de que Dios está presente. Su presencia hace que sea hermosa. Dios es un Dios de belleza, y el lugar donde él habita es el más precioso de todos. Tendemos a desear estar rodeadas de belleza en este mundo, y esto es un anticipo de la hermosura suprema que nos aguarda en la casa de Dios. Cada cosa bella que apreciamos aquí debería conducirnos a adorar a Dios, quien es bello y el creador de la belleza.

Por lo tanto, anhelamos la casa de Dios no solo por lo que puede hacer por nosotros (nos hace percibir la belleza), sino porque él mismo está allí. En el Antiguo Testamento, la morada de Dios era algo tremendo. En Génesis 1—2, Dios habitaba en el jardín con su creación. En el desierto, habitaba entre su pueblo en el tabernáculo (Éxodo 40:35; Números 9:15). En la época del rey Salomón, moraba en medio de su pueblo en el templo, que es probablemente lo que el salmista tiene en mente aquí (1 Reyes 8:10-12).

Ahora, al leer este salmo como pueblo del Nuevo Testamento, sabemos que Dios ha vivido entre su pueblo en una persona, nuestro Salvador Jesucristo (Juan 1:14), y que permanece con nosotros de manera continua hoy mediante su Espíritu. Siempre ha sido un Dios que se recrea en vivir entre su pueblo. Y este último se deleitará al morar por completo y definitivamente con él en sus atrios celestiales.

De modo que el salmista sigue enumerando la belleza de esa morada:

> Señor Todopoderoso, rey mío y Dios mío,
> aun el gorrión halla casa cerca de tus altares;
> también la golondrina hace allí su nido,
> para poner sus polluelos (Salmos 84:3).

La residencia de Dios no solo es hermosa, sino que siempre es una fuente de bien para toda su creación. El Dios a quien le importan hasta las cosas más pequeñas como el gorrión y la golondrina es el Dios con el que deberíamos anhelar estar. El salmista sabe que la casa de Dios es un lugar de refugio y reposo. Es un buen sitio, con un buen Dios. Él cuida de la creación; por lo tanto, cuánto más estará pendiente de nosotras (Mateo 6:26).

Este lugar maravilloso y este Dios glorioso son la dirección en la que vamos si estamos en Cristo. Y logramos una idea de ello cada vez que nos reunimos con el pueblo de Dios. ¡Eso es porque ahora el templo somos nosotras!

> ¿No saben que ustedes son templo de Dios y que el
> Espíritu de Dios habita en ustedes?
> (1 Corintios 3:16).

Probamos el cielo en nuestra familia de la iglesia cuando nos servimos unos a otros con gozo y abnegación, sabiendo que en la morada final de Dios seguiremos trabajando y sirviendo en perfección y para su gloria. Probamos el cielo en nuestra familia de la iglesia cuando tenemos comunión en torno a una comida, nos regocijamos en nuestra salvación compartida en Cristo, y nos alentamos unos a otros en el estudio de las Escrituras. Esas son las cosas que estaremos haciendo durante toda la eternidad. Sin embargo, la plenitud está aún por llegar. Somos personas progresistas, personas esperanzadas, porque sabemos que por mucho que nos proporcione o nos quite esta vida, nuestros mejores días están todavía por llegar (Apocalipsis 21:3). Cuando tenemos un buen día en el seno del pueblo de Cristo, en nuestra iglesia, esto debería hacernos anhelar más. Debería animarnos a avanzar hasta ese día final cuando todo sea incluso mejor. Y en los momentos difíciles, esto nos recuerda que lo mejor no ha llegado aún; esperamos esa ciudad venidera.

LA ESPERANZA EN EL VIAJE

La segunda sección del salmo habla de un viaje, de una peregrinación a la casa de Dios. El salmista no está todavía en ella. Por esta razón, la anhela y viaja hacia allí:

> *Dichoso el que tiene en ti su fortaleza,*
> *que solo piensa en recorrer tus sendas.*
> *Cuando pasa por el valle de las Lágrimas*
> *lo convierte en región de manantiales;*
> *también las lluvias tempranas*
> *cubren de bendiciones el valle.*
> *Según avanzan los peregrinos, cobran más fuerzas,*
> *y en Sión se presentan ante el Dios de dioses.*
> *Oye mi oración, SEÑOR Dios Todopoderoso;*
> *escúchame, Dios de Jacob. Selah (vv. 5-8).*

La primera mención al «dichoso» en el versículo 4 hablaba de la experiencia de estar en la casa de Dios. Sin embargo, ¿y si no estás todavía allí (¡lo cual, si estás leyendo esto, es cierto en tu caso!)? El versículo 5 es todavía más esperanzador que el 4, porque afirma que eres dichosa con solo hallarte en el viaje a la casa de Dios. Solo en virtud de tu anhelo y tu esperanza, ya encuentras la bendición.

El trayecto al templo de Jerusalén no era necesariamente fácil. En los versículos 6-7 el salmista habla de atravesar el valle de las Lágrimas, el cual no es un lugar conocido, pero la idea general es que lo que sucede en este valle no es natural. El mismo era, evidentemente y por naturaleza, un valle seco y presumiblemente no de fácil tránsito para los peregrinos. No obstante, a pesar de su sequedad, el salmista indica que el peregrino «lo convierte en región de manantiales». ¿Cómo es esto posible? Si Dios es la fuente de tu fuerza, entonces esta solo puede multiplicarse. Si tu fuerza está en él, el valle más seco del desierto puede transformarse en un lugar de manantiales y estanques para refrescarse. Recuerda, los salmos son poesía, por lo que la imaginería de estos versículos podría aludir a lluvias literales que llenan ese valle seco y desértico, pero también podría tratarse de un renuevo espiritual que llega cuando todos los factores externos sugieren que podrías secarte.

La fuerza de estos peregrinos está, pues, en Dios, el Dios cuya morada es preciosa y fuente de bien para su creación, y quien los revitaliza durante su peregrinaje a Sion (vv. 6-7). Su fuerza está en Dios, quien oye sus oraciones (v. 8). Todavía no se hallan en casa, pero saben que lo estarán, y esto cambia su viaje. Están esperanzados.

¿Has encontrado una fuerza y una vitalidad similares en tu propio camino de peregrinación? En todas las dificultades de las que hemos hablado hasta el momento en el libro, y en todas las tristezas de los salmos, Salmos 84 nos da esperanza. Nos está diciendo a todos los que quieran escuchar: solo eres un peregrino aquí. Sigue adelante. Algún día estarás en casa. Y Dios te refrescará durante todo el camino. Los esperanzados pueden seguir avanzando en el viaje porque saben que su destino es seguro y las fuerzas son suficientes. Podemos seguir adelante con esperanza.

LA ESPERANZA DE LA CONFIANZA
La última sección queda afianzada por el último versículo:

*SEÑOR Todopoderoso,
¡dichosos los que en ti confían! (v. 12)*

¿Por qué estás esperanzada? ¿Por qué confías? Por los versículos 9-11.

*Oh Dios, escudo nuestro,
pon sobre tu ungido tus ojos bondadosos.
Vale más pasar un día en tus atrios
que mil fuera de ellos;
prefiero cuidar la entrada de la casa de mi Dios
que habitar entre los impíos.
El SEÑOR es sol y escudo;
Dios nos concede honor y gloria.
El SEÑOR brinda generosamente su bondad
a los que se conducen sin tacha.*

Puedes hacer mucho en mil días. Imagínate tres años llenos de bendiciones: familia, amigos, satisfacción y ascenso en el trabajo, una gran iglesia llena de amor y crecimiento, una casa fantástica, vacaciones extraordinarias. Y también piensa que durante ese tiempo no hay problemas de salud, ni de dinero, ni relacionales, ni duelos. ¿Te lo puedes imaginar?

Esto no es comparable a *un solo día* en el cielo.

De manera que cuando captamos un vislumbre de esa clase de vida —un gran día o un año que solo trae bendiciones maravillosas— debemos pensar que solo es un destello de una diminuta fracción de cómo será todo en el cielo. Esto nos mantiene llenas de esperanza en los buenos tiempos. Y también impide que vivamos como si esta vida fuera lo mejor que pueda existir y nos olvidemos de seguir avanzando.

Y cuando vemos a los demás disfrutar de todas esas cosas, mientras que nosotros no podemos hacerlo ni ahora ni nunca durante esta vida, no hay necesidad de sentirse desesperanzadas.

Es mejor un día en nuestro hogar celestial que mil maravillosos aquí. El lugar hacia el que te diriges moldea tu experiencia del peregrinaje para llegar allí, y en Salmos 84 el salmista sabe que va a un lugar asombroso. Nosotras también lo sabemos. Cualquier otro lugar palidece en comparación con el sitio donde mora Dios.

Si hoy estás luchando en busca de esperanza, deja que Salmos 84 te aliente a mirar hacia el futuro, a la casa de Dios, donde el Señor mora en perfección y donde tú vivirás un día con él. A veces sentimos como si este hogar temporal fuera permanente, pero pasará. Concéntrate en la casa de Dios, en todo lo que Cristo hizo para preparar un lugar para ti, y anhela estar allí donde él reside. ¡Y si hoy te sorprendes rebosando de esperanza, alaba a Dios! Ojalá que esta sombra de una realidad mejor te anime a seguir adelante. Es un mero vislumbre de la maravilla que está por venir.

Salmos 84 nos proporciona fuerza en nuestro peregrinaje hacia la casa de Dios. Reorienta nuestra perspectiva conforme recorremos el camino al hogar. Y nos llena de esperanza. Las expectativas son extraordinarias.

Salmos adicionales: Salmos 48, 63, 128

Anotaciones

_____
_____
_____
_____
_____
_____
_____
_____
_____
_____
_____
_____
_____
_____
_____
_____
_____
_____
_____

LLENA DE ADORACIÓN
SALMOS 145

El Señor es clemente y compasivo,
lento para la ira y grande en amor.
El Señor es bueno con todos;
él se compadece de toda su creación.

Salmos 145:8-9

Algunos días solo tienes ganas de adorar. Sales a la calle tras un largo día de trabajo y te encuentras con un atardecer de un vivo color rojo anaranjado que envuelve el cielo, y tu pecho se hincha de adoración. Dios responde a tus esperanzas de reconciliación con una amiga, y adoras. El proyecto de trabajo se ajusta al plazo de entrega contra toda expectativa lógica pero en respuesta a mucha oración, y adoras. Hay días en que solo te apetece vivir para Dios, cantarle y darle gracias por las muchas formas en que te ha bendecido. Su constante bondad con nosotros significa que existen momentos en nuestras vidas cuando la adoración fluye con facilidad.

Uno de mis cánticos favoritos está basado en uno de mis salmos favoritos, Salmos 145. Compuesto e interpretado por Shane and Shane, empieza con las palabras del versículo 3: «¡Grande es el Señor, y digno de toda alabanza!». Cada línea amplía la anterior, y conforme se van produciendo los versos, sus voces y la música alcanzan un crescendo con una exclamación en voz alta.

El Señor es clemente y compasivo, lento para la ira y grande en amor. El Señor es bueno con todos (vv. 8-9).

Yo suelo escuchar este cántico cuando me siento inclinada a la adoración. Esto tiene sentido, porque los salmos pretendían ser para la adoración musical. Muchos de ellos llevan el sobrescrito «al director musical». A Salmos 145 incluso se le denomina como «Salmo de alabanza».

A lo largo del libro hemos visto salmos de lamento, dificultad, tristeza, pecado y dolor, pero este es directamente de adoración. Y es algo adecuado, porque a medida que David llega al final de su vida (momento en que muchos opinan que escribió el salmo), la adoración es —a pesar de todo lo que ha experimentado durante su existencia— lo único que queda en él.

Salmos 145 es para los días cuando ves las cosas más claras, cuando lo único que puedes hacer es adorar, porque eres capaz de percibir lo que Dios ha hecho y hará.

Si entendiéramos el hebreo, veríamos que está dividido según su abecedario, y que cada versículo comienza con una letra del mismo. Se requirió una atención cuidadosa para escribirlo de tal manera que cada versículo coincidiera con la letra adecuada, pero también se requiere atención cuidadosa porque los salmos se escribían a menudo de esta forma para ayudar a la memorización. La intención es que meditemos en ellos. No es tan solo un salmo para el momento en que anhelamos adorar; es un cántico para memorizar y después recitar para nuestros adentros en el momento en que no nos apetece.

APODÉRATE DEL SENTIMIENTO DE ADORACIÓN

Cuando David mira en retrospectiva todo lo que ha experimentado y lo que ha aprendido, es impresionante que su adoración sea lo principal. Y él nos está llamando a captar también ese sentimiento.

Te exaltaré, mi Dios y Rey;
por siempre bendeciré tu nombre.
Todos los días te bendeciré;

por siempre alabaré tu nombre.
Grande es el SEÑOR, y digno de toda alabanza;
su grandeza es insondable (vv. 1-3).

Como hemos visto a lo largo de los salmos, no siempre sentimos ese deseo tan grande de adorar. ¡De modo que apoderémonos de él! Almacenémoslo y después traigamos a nuestra mente lo que sabemos que es verdad con respecto a Dios, de manera que cuando luchemos por verlo y no nos sintamos inclinadas a adorar, tengamos una historia y una acumulación de su grandeza que se manifiesten en nuestra vida. A continuación, llueva o truene, seremos capaces de bendecir, exaltar y proclamar a este Dios, el Dios misericordioso y compasivo, lento para enojarse y lleno de amor inagotable... bueno con todos (vv. 8-9).

¿Y por qué?

Porque ha hecho grandes cosas.

En los versículos 14-20 obtenemos una hermosa imagen de estas cosas extraordinarias. Esta es la explicación de su carácter que se exhibe en los versículos 8-9. David elabora una larga lista de cómo obra Dios en el mundo porque está apoderándose de sus razones para adorar. Las obras de Dios manifiestan su carácter:

- Levanta a los caídos y sostiene a los agobiados (v. 14).
- Provee alimento (v. 15).
- Abre su mano y satisface los deseos de todo ser viviente (v. 16).
- Es bondadoso en todas sus obras (v. 17).
- Está cerca de quienes le invocan (v. 18).
- Cumple los deseos de aquellos que le temen, atiende a su clamor y los salva (v. 19).
- Cuida a todos los que lo aman (v. 20).

Todas podemos confeccionar listas muy específicas de las obras de Dios por nosotras también, ¿no es así? El dinero alcanza más allá del final de mes a pesar de que todos los presupuestos que habías elaborado decían lo contrario. Te proporciona nuevas misericordias para el día aunque al acostarte la noche anterior el día siguiente te parecía imposible de afrontar. Alimenta a una madre soltera hambrienta a través del ministerio de misericordia de un banco de alimentos. Te da a conocer su presencia cuando la víspera parecía ausente. Abre un vientre estéril, trae al hijo pródigo a casa o restaura un matrimonio. Hace crecer los cultivos. Provee lluvia cuando hace demasiado calor o el tiempo es muy seco. Guarda la fe de sus hijos y los acompaña todo el camino a casa, a la gloria. Independientemente de donde te encuentres o de lo que hayas hecho, él escucha a todos los que lo invocan con fe y los ayuda. Está tan íntimamente involucrado en su creación en nuestra época como en la de David.

Su carácter proclamado en los versículos 8-9 se manifiesta en nuestra vida por medio de los acontecimientos grandes y pequeños: a través de las oraciones que alteran vidas respondidas en un momento de crisis y los clamores por el pan de cada día que se elevan cada mañana. Dios es bueno para todos. Esto nos impulsa a adorar. Y cuando lo hacemos, deberíamos apoderarnos de ese sentimiento para recordar quién es este Dios al que adoramos y volver a adorarlo mañana, y pasado mañana, y al día siguiente, traiga lo que traiga.

COMPARTE EL SENTIMIENTO

Cuando hablamos de lo que Dios ha hecho, también estamos invitando a otros a tener ese sentimiento. Nos estamos uniendo a las generaciones de fieles creyentes que igualmente pueden elogiar sus obras con nosotros y a todos los que quieran escuchar:

> *Cada generación celebrará tus obras*
> *y proclamará tus proezas.*
> *Se hablará del esplendor de tu gloria y majestad,*
> *y yo meditaré en tus obras maravillosas.*
> *Se hablará del poder de tus portentos,*
> *y yo anunciaré la grandeza de tus obras.*
> *Se proclamará la memoria de tu inmensa bondad,*
> *y se cantará con júbilo tu victoria (vv. 4-7).*

David dedica gran cantidad de tiempo a apoderarse de su sentimiento de adoración en este salmo, y aquí nos da una razón para ello. Quiere testificarles a aquellos que le rodean y a los que vienen detrás de él sobre un Dios en quien se puede confiar. Este Dios es digno de confianza y su gobierno y su reino no tendrán fin (v. 13). Cuando una generación ve cómo él provee, responde las oraciones, nos lleva en la prueba y nos hace crecer en la fe, los que observan desde la barrera se ven reforzados en su propia fe incipiente. Piensan que sin duda se puede confiar en él.

Este es el legado de la fe.

Nuestra iglesia celebra cada año un retiro de mujeres, y siempre incluimos un tiempo para los testimonios de la fidelidad de Dios entre nuestras damas. Esa siempre es la parte favorita del fin de semana para todas. Les pedimos a un par de hermanas con antelación que piensen en cómo se ha evidenciado la fidelidad de Dios con ellas y que después lo compartan como testimonio antes de nuestro tiempo de enseñanza durante el retiro. Lo que hemos comprobado año tras año es el fruto de los versículos 4-7. Los testimonios de nuestras mujeres están profundamente relacionados con las generaciones que han vivido antes que ellas. Cuando hablan de las obras de Dios en su vida o en las de su familia, nos sentimos alentadas, y esto nos hace reflexionar en las «obras maravillosas» de Dios en nuestra vida. Las obras de Dios tienen el propósito de contarse, nos dice David. Ellas estimulan la fe. Son fortalecedoras. Conllevan a una meditación de atrás hacia adelante sobre quién es Dios y cómo ha obrado personal e íntimamente en el mundo que ha hecho.

La clave para adorar a Dios correctamente no se encuentra solo en la meditación, sino en reflexionar sobre sus obras y a continuación compartirlas con los demás.

Dios es un Dios relacional que desea que su creación y su pueblo hablen de su bondad y adoren. Si no nos unimos al coro de las generaciones en la adoración de Dios, sus obras lo harán por nosotras (v. 10). Él recibirá adoración de cualquier forma, porque es el creador de todas las cosas. Hasta su creación gritará de alabanza. Salmos 145 es una extensa meditación sobre quién es Dios y cómo obra en el mundo con el único propósito de arrastrarnos a todos hacia una mayor alabanza a él. ¿No quieres formar parte de ese cántico de júbilo y alabanza a Dios? Con seguridad tienes mucho por qué alabarlo. Este Dios desea ser conocido, porque al conocerlo vivimos de verdad, alabamos de verdad. Del mismo modo, nuestra vida cristiana debe ser un testimonio para la siguiente generación. Cuando nuestros hijos ven cómo glorificamos a Dios por sus obras en casa y en la iglesia, e incluso las ven manifestadas en nuestras propias vidas, este versículo se hace realidad. Sí, somos beneficiarias de un legado de fe, pero también somos las transmisoras del mismo a través de nuestro servicio a la iglesia de Dios, a través de nuestra manifestación regular de arrepentimiento por el pecado y nuestra confianza en el perdón de Cristo, y a través de la forma en que hablamos de la obra divina en el mundo. Cuando conoces a una mujer más joven, ¿le hablas de las obras de Dios? ¿Hablas de ellas en tu casa? ¿En tu clase de la escuela dominical y tu vecindario? Una generación elogia las obras de Dios ante la siguiente. Llegamos a formar parte de esa continuación de fe —y adoramos a Dios— conforme transmitimos lo que hemos experimentado y lo que nos han enseñado.

VIVE EL SENTIMIENTO

Este salmo no es una mera meditación sobre cómo adoramos. En un llamamiento a la acción.

La respuesta correcta al salmo final de David es cantar sus propias palabras:

> *¡Prorrumpa mi boca en alabanzas al SEÑOR!*
> *¡Alabe todo el mundo su santo nombre,*
> *por siempre y para siempre! (v. 21).*

David comienza este último versículo indicando que su «boca» alabará al Señor. Ya se nos ha mostrado esto a lo largo de este salmo. Él habla de quién es Dios y lo que ha hecho. Sin embargo, después el salmista amplía esta idea e invita a «todo el mundo» a alabar también. Una traducción llama a «toda carne» a alabar al Señor (LBLA). La creación que ha sido tan cuidada por su creador recibe ahora un llamado a dirigir su adoración de regreso a él. ¿Cómo alaba un pájaro? Haciendo un nido para sus huevos y cuidando a sus polluelos. ¿Cómo alaba un árbol? Produciendo fruto a su tiempo. ¿Cómo alaba una mujer? La mujer salvada por Dios, hecha nueva por el Espíritu y unida a Cristo, no solo lo alaba cantando en la iglesia, sino también con cada buena obra de la que sus manos son capaces:

> *Por lo tanto, hermanos, tomando en cuenta la*
> *misericordia de Dios, les ruego que cada uno de ustedes,*
> *en adoración espiritual, ofrezca su cuerpo como sacrificio*
> *vivo, santo y agradable a Dios*   *(Romanos 12:1).*

Que tu cuerpo mismo haga lo que Dios había designado que hiciera a través de la diversidad de maneras como trabajas y gozas del mundo de Dios es una forma de adoración. Al disfrutar del alimento que Dios te provee, tus papilas gustativas te llevan a adorar. Cuando entiendes un pasaje de las escrituras, tu mente y tu intelecto te impulsan a adorar. Al negarte a ti misma y servir a una amiga en necesidad, tu sacrificio es un modo de adorar al Salvador que se sacrificó infinitamente más por ti. Al obedecerlo en tu vida cotidiana de cada día, estás adorando. Dios busca una adoración integral, donde cada resquicio de su creación —y por tanto de nuestra existencia— cante sus alabanzas. Salmos 145 te está invitando a adorar: primero apoderándote el sentimiento cuando lo tengas, luego compartiéndolo con otros, y después viviéndolo en tu vida cotidiana a través de todas las formas de «sacrificio vivo».

Algunos días no podemos esperar para adorar. Otros nos resulta más difícil. Sin embargo, en nuestros mejores momentos y en los peores, podemos y debemos adorar. Deja que tu adoración sea alimentada por tu conocimiento de este Dios misericordioso, que es bueno en todos sus caminos. Habla de este Dios. Invita a otros a adorarlo. Griten de gozo, hermanas. Él es bueno y fiel, y su misericordia está sobre todo lo que ha hecho.

Salmos adicionales: Salmos 78, 96, 136

Anotaciones

LLENA DE ALABANZA
SALMOS 150

¡Que todo lo que respira alabe al Señor!
¡Aleluya! ¡Alabado sea el Señor!

Salmos 150:6

Cuando empecé a leer los salmos con regularidad, me sorprendió el tiempo que les tomó llegar a alabar al Señor. Sabía que el término «salmos» significa literalmente «alabanza», y durante toda mi vida de adulta había oído explicar que los salmos constituían el cancionero y las alabanzas de Israel. Sin embargo, a medida que los leía, vi muchas cosas que parecían obstaculizar la alabanza: como la tristeza, el dolor, la traición y el lamento. La alabanza acababa por llegar, pero a veces tomaba tiempo. Así es la vida, ¿verdad? A veces se diría que la alabanza parece depender de que declares que Dios es bueno, aunque las lágrimas caigan a raudales por tu rostro. Lo hemos percibido en los salmos hasta este momento. No obstante, en otras ocasiones la alabanza es como esperamos: levantamos las manos, cantamos y glorificamos a Dios. Este es el sentimiento que se refleja en este salmo. Y como veremos, también es el que un día experimentaremos a diario, cuando todas las cosas sean hechas nuevas y Cristo regrese a reclamar a los suyos.

Salmos 150 es el destino final de todos los demás hasta este momento. Es la meta suprema del cristiano.

Que todo lo que respira alabe al Señor (v. 6).

Este comienza y acaba con el llamamiento a alabar al Señor, así que vamos a alabar

POR FIN ALABAMOS

Salmos 145 le puso fin a los salmos de David y a los salmos con título. Como Salmos 1 y 2, Salmos 146—150 no cuentan con un encabezado (autor, audiencia, propósito y demás). Estas composiciones forman la conclusión del libro. Salmos 1 y 2 nos preparan para la vida bendecida bajo el gobierno del rey. Nos hablan del futuro y nos disponen para el difícil presente. Nos proporcionan una posición firme antes de que la realidad de la vida llegue precipitadamente hasta nosotros. Ahora, Salmos 146—150 nos introducen a una alabanza sin fin. Lo unen todo y nos indica cuál ha sido el propósito de nuestras vidas todo el tiempo: alabar al Señor por todo lo que hace en este mundo que ha creado.

Por lo tanto, si el término «salmos» significa literalmente «alabanza», ¿por qué tardar tanto en llegar ahí? Parte de ello se debe a que los salmos nos presentan la vida real. A veces, las circunstancias no están atadas juntas formando un pulcro lazo al final de una larga semana, mes o incluso año. Tu experiencia señala una cosa, aunque tu Biblia te indica otra. El lento viaje a esta explosión de alabanza imita la vida que llevamos tantas de nosotras.

LOS CINCO ÚLTIMOS

Robert Godfrey afirma que estos cinco salmos finales «recapitulan los temas del libro del salterio» (*Learning to Love the Psalms, página 232*).

En Salmos 146 volvemos a encontrar el asunto de la persona «bendita» o «dichosa». Salmos 1 nos dice que el dichoso es aquel que medita en la Palabra. A lo largo de los salmos vemos una explicación adicional de la vida bienaventurada. Aquí, en Salmos 146, alabar a Dios por sus obras y confiar en él por encima de todo lo demás conduce a la vida bendecida y feliz.

En Salmos 147 se nos llama a alabar a Dios porque él restaura a su pueblo. Los salmos presentan una y otra vez la liberación del pueblo de Dios por medio de su mano poderosa.

En Salmos 148 toda la creación alaba a Dios. Esto es un eco de Salmos 145, donde todos y todo lo alaban por sus obras, y de Salmos 103, donde el recuento de sus beneficios conduce a la gratitud. En Salmos 149 alabamos a Dios porque es el Dios que triunfa por su pueblo. Él gana. Salmos 2 nos dice que el rey gobernará para siempre; Jesús gana. Salmos 149 nos invita a alabarlo por ello.

Y el último de todos, Salmos 150, es directa y solamente alabanza. Cada una de las líneas se inicia con la frase «alábenlo». Este salmo reúne los temas de diversos aspectos del mundo de Dios que le dan honra, y a continuación nos llama a nosotras a exaltarlo también.

Alabaremos de esta forma por siempre. Deberíamos esforzarnos en esta dirección. Deberíamos desearlo.

LA ALABANZA DE LAS ALABANZAS

El llamamiento a «alabar al Señor» es una orden, no una petición. Y aunque somos proclives a considerar que la alabanza es algo aislado para disfrutar en los cánticos de adoración en la iglesia, esta no es la única forma de alabar al Señor, aunque es una de ellas. La alabanza a menudo se reduce a una experiencia, una que se lleva a cabo en determinado lugar, mientras que el resto de nuestra vida no se ve afectado por ella. Sin embargo, estos salmos finales nos proporcionan la imagen de un estilo de vida. La alabanza es más que un acontecimiento.

Salmos 150 se ocupa de tres preguntas:

- ¿Dónde alabamos?
- ¿Por qué alabamos?
- ¿Cómo alabamos?

En primer lugar, ¿dónde?

Alaben a Dios en su santuario,
alábenlo en su poderoso firmamento (v. 1b).

Yo solía enseñarles a los niños pequeños en la escuela dominical, y una de las principales verdades que les impartíamos era que

«Dios está en todas partes». Esta es una lección concreta para ellos, porque después se puede recalcar la idea haciendo algunas preguntas de seguimiento. «¿Está Dios en el patio de recreo?». «¿Está Dios en tu habitación?». «¿Está Dios contigo en la escuela?». «¿Está Dios en casa de la abuela?». Esto los ayuda a entender que aunque no pueden ver a Dios, él se acerca de verdad.

El versículo 1 nos muestra dónde está Dios: en el santuario y en los cielos. Él mora en lugares humildes entre su pueblo y en su hogar celestial. Está en todas partes. En el Israel antiguo, su santuario se hallaba en el centro del templo, pero Dios habita ahora en medio de su pueblo a través de la iglesia (Efesios 2:19-22). Por medio de su Espíritu, Dios está entre su pueblo cuando se reúne, y también de forma individual. Él es poderoso en los cielos y personal en medio de su pueblo: trascendente e inmanente. Por lo tanto, le alabamos.

Dado que la alabanza es la idea de todos los salmos, uno que acaba con la idea de «alabar al Señor exaltado y al Dios humilde» es absolutamente adecuado. Esto lo distingue de todos los demás dioses falsos que podrían morar en lo alto, pero nunca se acercan; o de partes de esta creación que con tanta frecuencia escogemos adorar porque están cerca, pero que no moran en lo alto. El Dios del cielo que se aproxima es el Dios que nos gobierna y nos sustenta, nos entiende y nos ayuda, y el Dios digno de nuestra alabanza.

Y esto nos lleva a la segunda pregunta: ¿por qué alabamos?

Alábenlo por sus proezas,
alábenlo por su inmensa grandeza (v. 2).

En Salmos 145, la razón de la adoración se basaba en la meditación directa sobre la naturaleza de Dios. Aquí alabamos al Señor por el mismo motivo. Una versión afirma que lo alabamos por sus «hechos poderosos» (LBLA). ¿Y no los hemos visto acaso manifestados a lo largo de los salmos, y también en toda la Biblia y en nuestra propia vida? Una y otra vez los salmistas relatan la historia de Dios con su pueblo, y aquí se nos indica que la alabanza es el propósito. Una y otra vez lo hemos visto actuar en nuestra vida, ¿y qué hacemos? Lo alabamos. Exáltalo por cómo te salvó de tus pecados y te proporcionó nueva vida en Cristo. Pero alábalo también por las muchas formas adicionales en que actúa en tu favor.

Uno de los grandes beneficios de reunirnos como cuerpo para presentar nuestras peticiones en oración y elevar juntos nuestras súplicas es también regocijarnos cuando las plegarias son contestadas. Si permaneces en una iglesia el tiempo suficiente, empezarás a tener una larga lista de las «proezas» de Dios que relatar. No obstante, si no te congregas en el santuario —en medio del pueblo de Dios— no podrás hablar ni escuchar sobre las grandes cosas que él ha hecho. Las oraciones respondidas potencian nuestra fe, pero esto solo sucede cuando nos congregamos en medio del pueblo de Dios para orar y alabar.

Ahora llegamos a «cómo» alabar.

Esta es la sección más larga de este breve salmo, y su extensión muestra cómo se va formando nuestra alabanza.

> *Alábenlo con sonido de trompeta,*
> *alábenlo con el arpa y la lira.*
> *Alábenlo con panderos y danzas,*
> *alábenlo con cuerdas y flautas.*
> *Alábenlo con címbalos sonoros,*
> *alábenlo con címbalos resonantes (vv. 3-5).*

Cada instrumento interpreta una parte en la creación de una hermosa sinfonía de alabanza a Dios.

No obstante, se trata de algo más que de reunir los distintos instrumentos para alabar al Señor. Derek Kidner afirma que podemos sacar la conclusión de que debemos exaltarlo con todo lo que tenemos (*Kidner Classic Commentaries, Psalms 73-150,* página 528). Cada tipo de instrumento está representado aquí; el salmista incluso emite un llamado a la alabanza a través de la danza. Usa lo que tengas, te anima el salmista, y alaba al Señor. Nadie queda fuera de este culto de adoración.

El único prerrequisito es un corazón que haya sentido los actos salvíficos de Dios y no pueda esperar para declarar la maravilla de sus obras. En tu caso, podría tratarse de usar tu voz para cantar. O de ocuparte del sistema de sonido en tu iglesia. O de ayudar a colocar las sillas el domingo por la mañana, o de ofrendar con sacrificio y generosidad de manera que sea posible comprar los instrumentos. Así como nuestra alabanza a Dios no se limita tan solo al santuario, el «cómo» de la alabanza tampoco se restringe a nuestras capacidades musicales (ni a la falta de ellas). Y si alabamos a Dios en todo lugar, con todo lo que tenemos, toda la vida se convierte en un sacrificio de alabanza a él. Tus largos días en la oficina son una oportunidad de exaltar al Señor con todo lo que tienes. El tiempo que pasas en el gimnasio es una oportunidad de alabar al Señor con todo lo que tienes. Tu café con una nueva amiga es una oportunidad de glorificar al Señor con todo lo que tienes. Hasta las noches sin dormir con un bebé recién nacido son una oportunidad de alabar al Señor con todo lo que tienes. Usa aquello de lo que dispongas, insta el salmista, y alaba al Señor.

Creo que por esta razón en el versículo inmediato oímos:

> *¡Que todo lo que respira alabe al SEÑOR!*
> *¡Aleluya! ¡Alabado sea el SEÑOR! (v. 6).*

¿Has notado cuál es el requisito para brindarle alabanza al Señor? ¡Solo tienes que ser capaz de respirar! Dios creó el mundo para su gloria —todo lo que respira— y el objetivo final de todas sus criaturas es alabar.

A lo largo de este libro hemos visto cómo todo nuestro ser siente la vida profundamente, y ahora llegamos al punto de que todos nuestros sentimientos nos conduzcan a una alabanza incesante. Tim Keller declara:

> *Si se ora al Dios que de verdad está presente, toda experiencia posible está destinada a acabar en alabanza. La confesión conduce al gozo del perdón. Los lamentos llevan a un reposo más profundo en él*

*para nuestra felicidad. Si pudiéramos alabar a Dios
de un modo perfecto, lo amaríamos por completo
y entonces nuestro gozo sería completo. Los nuevos
cielos y la nueva tierra son perfectos, porque todos y
todo glorifican a Dios plenamente, y por consiguiente
disfrutan de él para siempre. De modo que Salmos
150 nos proporciona un vislumbre de ese futuro
inimaginable*

(The Songs of Jesus, página 365).

Viene un día cuando todo lo que respira alabará al Señor. Todo lo que respira doblará la rodilla, ya sea bajo coacción o en gozoso compromiso con su reinado soberano sobre todas las cosas. Viene un día en que la vida bendecida será nuestra existencia para siempre. Dios nos creó para la clase de vida de Salmos 150; aunque a veces vivamos en la desolación de Salmos 88 durante un tiempo realmente largo, no es para siempre. Un día, el versículo 6 será verdad en completa perfección: todo lo que respira alabará al Señor. Un día veremos y oiremos, y formaremos parte de lo que Juan vio en Apocalipsis:

*Luego miré, y oí la voz de muchos ángeles que estaban
alrededor del trono, de los seres vivientes y de los
ancianos. El número de ellos era millares de millares
y millones de millones. Cantaban con todas sus
fuerzas:*

*«¡Digno es el Cordero, que ha sido sacrificado,
de recibir el poder,
la riqueza y la sabiduría,
la fortaleza y la honra,
la gloria y la alabanza!»*

*Y oí a cuanta criatura hay en el cielo, y en la tierra, y
debajo de la tierra y en el mar, a todos en la creación,
que cantaban:*

*«¡Al que está sentado en el trono y al Cordero,
sean la alabanza y la honra, la gloria y el poder,
por los siglos de los siglos!» (Apocalipsis 5:11-13).*

¿Te suena familiar? Considera de nuevo Salmos 150:6. Todo lo que respira ha sido hecho nuevo y está alabando al Señor por sus obras, en cada parte de su creación, y por las proezas que él ha llevado a cabo. Nuestros sentimientos no serán borrados cuando Jesús regrese y haga todas las cosas nuevas; serán amplificados y purificados. Sentiremos como siempre estábamos destinados a sentir: de manera profunda y sin pecado.

Podría llevar largo tiempo llegar ahí. Sin embargo, ahí es adonde nos dirigimos todos, y esto es lo que anticipamos y probamos un poco cuando alabamos a Dios juntos.

Cuando nos apetece alabar, es necesario que nos reunamos con el pueblo de Dios y traigamos lo que tenemos para exaltarlo juntos. Tenemos que alabarlo por sus actos salvíficos y sus bendiciones cotidianas. Y esto debería extenderse a nuestra forma de vivir como pueblo de Dios a lo largo de la semana. Aunque estés viviendo en la angustia de Salmos 13 o el agotamiento de Salmos 42—43, puedes seguir declarando lo que sabes acerca de Dios. Puedes alabarlo de todos modos, porque quién él es no cambia, independientemente de cómo nos sintamos tú o yo con respecto a sus tratos con nosotras. Alabar a Dios entre su pueblo vuelve a calibrar nuestro corazón y nuestros afectos, eleva nuestra mirada a Aquel que es digno de nuestra alabanza. Por esta razón, la mayor manifestación de fe para un cristiano suele ser simplemente reunirse con el pueblo de Dios... en el gozo y en la tristeza.

Acabamos por donde empezamos: con las promesas de Salmos 1 y 2. Prosperaremos y seremos bendecidas para siempre conforme meditamos en la Palabra de Dios y amamos al Verbo hecho carne que gobierna y reina ahora mismo. Un día alabaremos con todo lo que tenemos en la casa de Dios para siempre. Esto es lo que nos proporciona esperanza cuando sentimos todo tipo de cosas en medio de las dificultades de la vida y los salmos.

Salmos adicionales: Salmos 146, 147, 148, 149.

Anotaciones

_____

_____

_____

_____

_____

_____

_____

_____

_____

_____

_____

_____

_____

_____

_____

_____

_____

_____

BIBLIOGRAFÍA

Allender, Dan B. y Longman II, Tremper. *The Cry of the Soul: How Our Deepest Emotions Reveal Our Deepest Questions About God* (NavPress, 1994).

Anyabwile, Kristie. *His Testimonies My Heritage: Women of Color on the Word of God* (The Good Book Company, 2019).

Bunyan, John. *El Progreso del Peregrino*, CristianismoPrimitivo.com.

Davis, Dale Ralph. *The Way of the Righteous in the Muck of Life: Psalms 1 – 12* (Fearn: Christian Focus, 2016).

Davis, Dale Ralph. *Slogging Along in the Paths of Righteousness:Psalms 13 –24* (Fearn: Christian Focus, 2016).

Hunkin, Olivia. *Dangerous Journey: The Story of Pilgrim's Progress* (Grand Rapids: Eerdmans, 1985).

Hurston, Zora Neale. *Their Eyes Were Watching God* (New York: Harper, 2006).

Transformed by Praise: The Purpose and Message of the Psalms (New Jersey: P&R, 2002).

Futato, Mark D. *Joy Comes in the Morning: Psalms for All Seasons* (New Jersey: P&R, 2004).

Futato, Mark D. *Interpreting the Psalms: An Exegetical Handbook* (Grand Rapids: Kregel, 2007).

Godfrey, W. Robert. *Learning to Love the Psalms* (Florida: Reformation Trust, 2017).

Johnston, James, *The Psalms: Rejoice the Lord is King, Volume 1, Psalms 1 to 41* (Wheaton: Crossway, 2015).

Keller, Timothy and Kathy. *The Songs of Jesus: A Year of Daily Devotions in the Psalms* (London: Viking, 2015) [*Los cantos de Jesús,* un año de devocionales diarios en Los Salmos, Antioquia: Poeima, 2016].

Kidner Classic Commentaries: Psalms 1 – 72 (IVP Academic, 2008).

Kidner, Derek *Kidner Classic Commentaries: Psalms 73 – 150* (IVP Academic, 2008).

Michel, Jen Pollock. *Keeping Place: Reflections on the Meaning of Home* (IVP USA, 2017).

Mohler, Mary K., *Sublime gratitud: Descubre el gozo de un corazón agradecido.* (Grand Rapids: Portavoz, 2019).

Murray, David. *Los cristianos también se deprimen* (New Jersey: Publicaciones Aquila, 2014).

Powlison, David. *Good and Angry: Redeeming Anger, Irritation, Complaining, and Bitterness* (New Growth Press, 2016).

Ramsey, Russ. *Struck: One Christian's Reflections on Encountering Death* (IVP USA, 2017).

Sibbes, Richard. *The Bruised Reed* (Banner of Truth, 1998 edition).

Spurgeon, Charles Portavoz *El Tesoro de David: Volumen I,* (Barcelona, Clíe, 2015).

Spurgeon, Charles H. *El Tesoro de David: Volumen II,* (Barcelona, Clíe, 2015).

Vroegop, Mark. *Dark Clouds, Deep Mercy: Discovering the Grace of Lament* (Crossway, 2019).

AGRADECIMIENTOS

Cada vez que escribo agradecimientos, me viene a la memoria que un libro no acaba en las manos del lector sin que muchas personas invisibles trabajen para dirigir el proyecto a su completitud. Es mi nombre el que aparece en la cubierta, pero solo conseguí escribirlo con la ayuda de todo un ejército de personas que me respaldaban.

Si Don Gates, mi agente, no me hubiera alentado a creer que de verdad podía abordar otro proyecto de escritura, no estoy segura si hubiera escrito la propuesta inicial, por no hablar del libro en sí. Gracias, Don, por animarme con tanta lealtad frente a los editores y durante todo el proceso del libro.

Carl Laferton, Katy Morgan y todo el equipo de The Good Book Company, es un gozo trabajar con ustedes. Carl y Katy son la razón por la que mis palabras no suenan como una serie de sucesos inconexos; son unas editoras maravillosas. Joe Henegan y el equipo de mercadotécnia son creativos y se sienten gozosos de difundir el mensaje de este libro a todo aquel que escuche. Gracias por creer en *Enséñame a sentir* y por creer en mí como autora.

Escribir es algo que se hace mejor en comunidad, y me siento agradecida por la comunidad de amigos (tanto en la vida real como en línea) que me ayudan a perfeccionar mi forma de escribir. Kelsey Hendy hizo un trabajo sobresaliente de lectura de los capítulos en borrador y proveyó sus penetrantes ojos de editora; estos capítulos son mejores gracias a ti.

Laura Turner me proporcionó un comentario útil sobre la angustia para el capítulo 13. Mis amigas Miriam Poteet, Laura Breeding, Rachael Metcalf y Kara Hilburn leyeron incontables capítulos y me ayudaron a ver dónde no me había expresado con claridad. Como siempre, mi hermano y su esposa, Zach y Emily Tarter, se encargan de la precisión lógica y bíblica, y de la claridad. Mi gratitud por su amistad y su constante estímulo.

Las señoras de la Midtown Baptist Church, donde asisto y sirvo, han tenido que escucharme hablar de Salmos durante años ya. No creo que dejaré de hacerlo, pero me siento agradecida por su aliento y disposición a prestarme oído cuando de alguna manera encuentro una forma de introducir el libro de los Salmos en casi cada una de las conversaciones y en casi cada estudio bíblico.

Dos eruditos a quienes no conozco personalmente, y a los que tal vez nunca me presenten han sido de incalculable valor para mí, a medida que he ido amando los salmos. Dale Ralph Davis, con su cuidado pastoral y su poderosa predicación no solo me ha ayudado a saber que no estoy sola en las diversas pruebas experimentadas, sino que también me ha guiado a ver lo oportunos que son esos poemas bíblicos antiguos para nuestra vida de hoy. Como él afirma, se han «metido bajo mi piel» de una forma real y no creo que salgan jamás. Mark Futato me dirigió a entender cómo Salmos funciona en conjunto y cómo interpretarlo. Me mostró, asimismo, que son relevantes para toda nuestra vida, en el gozo y en el dolor. Estoy en deuda con la labor de estos maestros, y espero un día adorar con ellos alrededor del trono del Rey.

Una de las preguntas que me suelen hacer como madre de cinco niños pequeños es «¿Cómo encuentras tiempo para escribir?». Como muchas autoras que son madres, saco tiempo muy temprano por las mañanas, durante las horas de siesta y los sábados. Pero esto también es posible gracias a una maravillosa niñera a la que nuestros hijos han llegado a querer mucho. Gracias, Abby Senn, por cuidar tan bien de nuestros pequeños, ¡y por proporcionarme tiempo para escribir!

Mi esposo, Daniel, es la verdadera razón por la que sostienes este libro en tus manos (o lo estás leyendo en tu lector electrónico). Él es quien siempre me da un codazo para perseguir un proyecto, quien me encuentra tiempo para escribir y me alienta a seguir adelante cuando siento la tentación de tirar la toalla. Él escucha mis pensamientos cuando estoy trabajando en un capítulo. Cree en lo que hago como escritora. Y es mi mejor amigo. Me alegra poder vivir esta vida contigo, cariño. Gracias por darme libertad para escribir.

Dedico este libro a mis hijos, porque formaron parte del valle del que hablo en él. Eran demasiado pequeños para tener un lenguaje en el cual expresarse, pero lo sintieron tanto como nosotros. Memorizamos Salmos 1 este verano, porque así como amo los salmos para mí, quiero que ellos aprendan a amarlos aun más. Gracias, chicos, por alentarme mientras escribía este libro. Gracias por sentirse entusiasmados por Salmos. Mi oración es que un día se inclinen ante el Rey Jesús como adoradores, en torno a su trono.

BIBLICAL | RELEVANT | ACCESSIBLE

En The Good Book Company nos dedicamos a ayudar al crecimiento de los cristianos y las iglesias locales. Creemos que el proceso de crecimiento en el conocimiento de Dios, siempre empieza escuchando con claridad lo que él nos ha dicho por medio de su Palabra atemporal: la Biblia.

Desde que abrimos nuestras puertas en 1991, hemos luchado por producir recursos basados en la Biblia que brinden gloria a Dios. Hemos prosperado hasta convertirnos en un proveedor internacional de recursos de fácil manejo para la comunidad cristiana, con creyentes de todos los trasfondos y las denominaciones que usan nuestros libros, estudios bíblicos, devocionales, material de evangelización y cursos en DVD.

Queremos equipar a los cristianos comunes para que vivan día a día para Cristo, y a las iglesias para que crezcan en su conocimiento de Dios, en su amor de los unos por los otros, y en la efectividad de su alcance.

Llámenos para explicarnos sus necesidades o visite una de nuestras páginas locales para más información sobre los recursos y los servicios que proveemos.

Sus amigos en The Good Book Company.

thegoodbook.com / the goodbook.co.uk.
thegoodbook.com.au / thegoodbook.co.nz
thegoodbook.co.in